KOMPLETNY PRZEWODNIK PO KOLACJI SUSHI W 30 MINUT LUB MNIEJ

100 świeżych przepisów, aby opanować sztukę robienia sushi w domu i w restauracji

ALISA SZYMAŃSKI

© COPYRIGHT 2022 WSZELKIE PRAWA ZASTRZEŻONE

Niniejszy dokument ma na celu dostarczenie dokładnych i rzetelnych informacji dotyczących poruszanego tematu i zagadnienia. Publikacja jest sprzedawana z założeniem, że wydawca nie jest zobowiązany do świadczenia usług księgowych, oficjalnie dozwolonych lub w inny sposób kwalifikowanych. Jeżeli potrzebna jest porada prawna lub zawodowa, należy zamówić osobę praktykującą w zawodzie.

W żaden sposób nie jest legalne powielanie, powielanie ani przesyłanie jakiejkolwiek części tego dokumentu w formie elektronicznej lub drukowanej. Nagrywanie tej publikacji jest surowo zabronione, a jakiekolwiek przechowywanie tego dokumentu jest zabronione bez pisemnej zgody wydawcy. Wszelkie prawa zastrzeżone.

Ostrzeżenie o wyłączeniu odpowiedzialności, informacje zawarte w tej książce są prawdziwe i kompletne zgodnie z naszą najlepszą wiedzą. Wszelkie rekomendacje są dokonywane bez gwarancji ze strony autora lub publikacji opowiadania. Autor i wydawca zrzeczenie się odpowiedzialności w związku z wykorzystaniem tych informacj

Spis treści

WPROWADZANIE 6
1. SUSHI W KSZTAŁCIE MINI PANDY 8
2. PRZEPIS CHAMOY: SUSHI PŁONĄCE GORĄCE 9
3. SUSHI BURGER 10
4. SUSHI Z TUŃCZYKA Z PIKANTNYM MAJONEZEM 12
5. SUSHI ROLL Z KREWETKAMI Z MASAGO 13
6. PRZEPIS OWOCOWY SUSHI Z SOSEM TAMARYNOWYM 15
7. PYSZNY PRZEPIS SUSHI Z OWOCAMI 16
8. SUSHI W RÓŻNYCH SMAKACH 18
9. SUSHI Z KREWETKAMI 20
10. TALERZ SUSHI 22
11. WARZYWNA ROLKA SUSHI Z SEREM 23
12. SUSHI Z SERKIEM ŚMIETANYM Z KIWI 25
13. SUSHI Z BRĄZOWEGO RYŻU Z KOZIM SEREM I SZPARAGAMI 26
14. CIASTO SUSHI Z SURIMI I SERKIEM ŚMIETANKOWYM 27
15. MAKI - SUSHI DLA POCZĄTKUJĄCYCH I KONESERÓW 29
16. ODMIANA SUSHI 31

17. RYŻ SUSHI...3
18. ROLKA KALIFORNIA..3
19. MISKA SUSHI..3
20. SUSHI...4
21. FUTOMAKI, SUSHI Z WĘDZONYM ŁOSOSIEM I ŚMIETANKOWYM SERKIEM..................................4
22. ONIGIRI Z ŁOSOSEM I KURCZAKIEM.................4
23. JAPOŃSKA SAŁATKA Z WODORÓW....................4
24. ŁOSOŚ - SUSHI..4
25. TAMAGOYAKI - OMLET JAPOŃSKI.....................4
26. SUSHI LOW CARB..5
27. GRUBE ROLKI SUSHI..5
28. ROLKI KALIFORNIJSKIE WEWNĄTRZ - NA ZEWNĄTRZ..5
29. SAŁATKA SZPINAKOWA Z DROSEM SEZAMOWYM...5
30. SUSHI - RYŻ..5
31. SUSHI TEMAKI...6
32. SAŁATKA SUSHI...6
33. SUSHI..6
34. MISKA SUSHI ELA..6
35. RYŻ DO SUSHI..6
36. RYŻ SUSHI...6
37. KISZONY IMBIR (GARI)..7

38. CIENKIE BUŁKI SUSHI 73
39. DIP SUSHI - SOS SUSHI 76
40. SUSHI Z TOFU 77
41. INARI - SUSHI 79
42. SUSHI NISKIEJ WĘGLOWODANÓW 80
43. KULKI SUSHI 82
44. SŁODKIE SUSHI 83
45. SUSHI Z RÓŻNICĄ - SŁODKO JAK DESER 86
46. SUSHI 88
47. NIGIRI - SUSHI Z KREWETKAMI 91
48. GARI - KISZONY IMBIR 93
49. NIGIRI SUSHI 95
50. ROLOWANE SUSHI (MAKIZUSHI) 96
51. OGÓREK - SUSHI 99
52. OSHI-SUSHI 100
53. KALIFORNIJSKA ROLKA Z ŁOSOSIA 102
54. SUSHI Z MALINAMI W PASIE Z ORZECHÓW 105
55. CHRUPIĄCE DUŻE BUŁKI 106
56. SUSHI Z POMIDOREM I MOZZARELLĄ 108
57. SUSHI Z NADZIENIEM Z MARCHEWKI I OGÓRKA 110

58. SUSHI - PODSTAWOWY PRZEPIS RYŻOWY 1
59. SUSZI Z TUŃCZYKIEM 1
60. PYSZNE MAKI SUSHI Z SURIMI 1
61. NIGIRI - SUSHI Z WĘDZONYM ŁOSOSIEM 1
62. ROLKA SMOKA 1
63. DIP CYTRYNOWO-SOJOWY 12
64. CIASTO SUSHI 12
65. KANAPKA SUSHI 12
66. NORI MAKI SUSHI NADZIEWANIE GRZYBÓW 12
67. SUSHI BURRITO Z PIERSIĄ INDYKA, MANGO I AWOKADO 12
68. PĄCZKI SUSHI 13
69. WEGAŃSKIE SUSHI DELUXE 13
70. OMLET TAMAGOYAKI SUSHI 13
71. ŚRUBY - SUSHI 13
72. MISKA SUSHI Z GENIALNYM AZJATYCKIM DRESSINGIEM 13
73. TOSTY SUSHI 13
74. GRZYBY SHIITAKE DO SUSHI 14
75. MISKA SUSHI Z TAMAGOYAKI 14
76. SUSHI NISKIEJ WĘGLOWODANÓW 14
77. SUSHI WEGAŃSKIE 14
78. SUSHI Z RYBAMI I CHIPSAMI 14
79. SŁODKIE SUSHI Z OWOCAMI 15

80. SUSHI - RYŻ 152
81. SOS SUSHI TERIYAKI 153
82. SAŁATKA SUSHI 154
83. SUSHI SZPITALNE 157
84. GOTUJ RYŻ SUSHI W MIKROFALI 159
85. SUSHI Z GRZYBÓW KING OYSTER (LOW CARB) 160
86. SUSHI "KAPPA MAKI" 161
87. NIGIRI SUSHI SYMFONIA 162
88. WEGAŃSKIE KIMCHI SUSHI 165
89. ŚW. PAULI - SUSHI Z REDUKCJĄ BALSAMICZNA 167
90. GÓRSKI STYL SUSHI 169
91. RYŻ SUSHI, JAPOŃSKI 171
92. RYŻ SUSHI 173
93. PERFEKCYJNY RYŻ SUSHI 174
94. SUSHI PAN 175
95. RYŻ JAPOŃSKI BEZ URZĄDZENIA DO RYŻU 177
96. HOSO - MAKI Z WARZYWAMI 179
97. SOS TERIYAKI 180
98. ONIGIRI KURCZAK TERIYAKI 181
99. TATAR Z TUŃCZYKA Z PESTO Z KOLENDRY 183
100. JAJKA SADZONE W STYLU JAPOŃSKIM 184

WNIOSEK 18

WPROWADZANIE

Sushi to bardzo znane danie wywodzące się z tradycyjnego japońskiego jedzenia. To danie jest często spożywane jako przekąska. Istnieją różne rodzaje dań sushi przygotowywanych przez różnych profesjonalnych kucharzy sushi. Sushi to właściwie danie z białego ryżu ugotowanego w occie ryżowym i podawane z różnymi rodzajami dodatków. Stosowane są różne dodatki, takie jak surowe lub gotowane ryby lub inne owoce morza i różne warzywa. Jest to tradycyjna japońska potrawa, która jest przygotowywana na różne sposoby, ale w każdym rodzaju używa się tylko krótkoziarnistego białego ryżu.

Po ugotowaniu ryżu podawana jest mieszanka cukru, soli i octu, a czasami dodaje się również sake, aby uzyskać inny smak. Następnie przyprawianie odbywa się w temperaturze pokojowej, aby dodać więcej smaku. W restauracjach dostępne są różne rodzaje sushi, które podawane są z różnymi dodatkami i nadzieniami. Większość profesjonalnych kucharzy sushi preferuje jako polewa ryby głębinowe, takie jak tuńczyk i łosoś. Niektóre inne rodzaje ryb, takie jak makrela, lucjan i żółtnica, są również używane do przygotowania doskonałego dania sushi.

Rolki sushi są również bardzo popularne i wymagają pakowania wodorostów nori i mogą być również używane jako przekąski. Te przekąski są aromatyzowane w teriyaki, które podaje się wraz z pastą chrzanową zwaną pastą wasabi, solą morską i prażonymi nasionami sezamu, znanymi również jako gomashio, sosem sojowym i marynowanym imbirem. Istnieje kilka tradycyjnych barów sushi, które serwują zieloną herbatę wraz z posiłkiem sushi, a są też takie, w których podawane jest z nią wino sake. Sake to bardzo popularne wino z ryżu, które zimą podawane jest na ciepło.

1. SUSHI W KSZTAŁCIE MINI PANDY

SKŁADNIKI

- 4 szklanki japońskiego ryżu
- 3 hojas de alga nori

PRZYGOTOWANIE

1. Ryż umyć i namoczyć w wodzie przez 10 minut, odcedzić przez 5 minut i zaszyć w szybkowarze przez 15 minut i zdjąć z ognia.
2. Pokrój wodorosty nori w paski i uformuj kulki z ryżem.

3. Przyklej plasterki nori do kulek ryżowych i uformuj placki.

2. PRZEPIS CHAMOY: SUSHI PŁONĄCE GORĄCE

SKŁADNIKI

- 4 ogórki
- 4 opakowania cukierków tamaryndowych ⬜ ½ szklanki chamoy
- 1 worek płonącej gorącej mieszanki ziemniaczanej
- 3 cytryny
- 4 łyżki. salsowy

PRZYGOTOWANIE

1. Ziemniaki rozgnieść, wymieszać z sokiem z cytryny, sosem i połową chamoy. Za pomocą długiej łyżki zalej ogórki, napełnij poprzednią mieszanką.

2. Pokrój w plasterki i połącz ze słodyczami i irchą.

3. SUSHI BURGER

SKŁADNIKI

- 12 osadzonych średnich krewetek
- 500 g ugotowanego i doprawionego ryżu sushi
- ½ plasterka ogórka
- 1 starta marchewka
- ½ awokado
- 1 łyżka czarnego sezamu ⬜ ½ szklanki sosu sojowego
- 3 cytryny (sok)

PRZYGOTOWANIE

1. Ułóż krewetki na blasze do pieczenia i piecz przez 10 minut lub do uzyskania złotego koloru, a skórka będzie bardzo chrupiąca. Rezerwacja.
2. Za pomocą mokrych rąk weź ryż i uformuj rodzaj bułki do hamburgerów. Możesz pomóc sobie wcześniej mokrą formą, która ma ten kształt. Uformuj 4 pokrywki i 4 podstawy, uważając, aby nie przetłoczyć „bułek", aby ryż miał dobrą konsystencję.
3. Zbierz „burgery sushi", rozprowadzając na spodzie odrobinę sosu Tampico, a następnie ułóż plasterki ogórka, marchewki, krewetki i na koniec awokado. Zamknij i udekoruj czarnym sezamem. Posyp sosem sojowym wymieszanym z sokiem z cytryny.

4. SUSHI Z TUŃCZYKA Z PIKANTNYM MAJONEZEM

Składniki

- 2 szklanki przygotowanego ryżu sushi
- 100 g świeżego tuńczyka w cienkich paskach
- 1/2 ogórka w cienkie paski
- 2 posiekane cebule Cambray
- 1/2 szklanki majonezu
- 1 papryka serrano, posiekana
- 4 wodorosty na sushi
- 6 łyżek sosu sojowego
- 1 cucharada de mirin
- 1 łyżka soku z cytryny
- Makisu

Przygotowanie

1. Wymieszaj sos sojowy z mirinem i sokiem z cytryny. Rezerwacja.
2. Przykryj makisu plastikiem. Zmocz ręce i połóż ryż na 3/4 wodorostów (w środku) tak cienkim, jak to możliwe. Umieść go w makisu.
3. Ułóż plastry tuńczyka i ogórka wzdłuż. Zmocz palec odrobiną wody i przeprowadź go przez wodorosty bez ryżu. Zroluj makisu, dobrze dociśnij i zamknij rolkę. Potnij wilgotnym nożem.
4. Połącz chili z majonezem i cebulą. Rozłóż mieszankę na każdym kawałku.
5. Podczas serwowania towarzysz z mieszanką sojową.

5. SUSHI ROLL Z KREWETKAMI Z MASAGO

SKŁADNIKI

- 2 szklanki przygotowanego ryżu sushi
- 8 gotowanych i obranych krewetek
- 1 awokado, pokrojone w cienkie plasterki
- 1/2 ogórka w cienkie paski
- 1/2 szklanki masago
- 4 wodorosty na sushi
- 6 łyżek soi
- 1 łyżka mirin
- 1 łyżka soku z cytryny

PRZYGOTOWANIE

1. Wymieszaj soję z mirinem i sokiem z cytryny. Rezerwacja.

2. Przykryj makisu plastikiem. Zwilż ręce i połóż ryż na 3/4 wodorostów (w środku) tak cienkim, jak to możliwe, umieść go w makisu.
3. Dodaj krewetki, ogórek i awokado wzdłuż wodorostów. Zmocz palec odrobiną wody i przeprowadź go przez wodorosty bez ryżu. Roluj za pomocą makisu, dobrze dociskaj, aż rolka się zamknie.
4. Ręką rozprowadź na bułce trochę masago i ponownie dociśnij. Pokrój go wilgotnym nożem i dołącz do soi.

6. PRZEPIS OWOCOWY SUSHI Z SOSEM TAMARYNOWYM

SKŁADNIKI

- 3 szklanki przygotowanego ryżu sushi
- 2 hojas de alga nori
- 2 małe opakowania serka śmietankowego pokrojonego w paski
- 1 manila mango, obrane i pokrojone w paski
- 1/2 szklanki posiekanego ananasa
- 2 kiwi, obrane i pokrojone w paski
- 1/2 szklanki komercyjnego koncentratu tamaryndowca (do przygotowania wody, nierozcieńczony)
- 1/4 szklanki sosu sojowego

- 2 marynowane chilli chipotle
- 1 łyżka soku z cytryny

PRZYGOTOWANIE

1. Na bambusowym obrusie ułóż 1 arkusz wodorostów nori, nieprzezroczystą stroną do góry.
2. Na wierzchu rozłóż 1/2 szklanki ryżu (zostaw 1 cm margines wzdłuż całej krawędzi), ułóż rządek mango, jeden ananasa, jeden kiwi, a drugi sera.
3. Zwiń ciasno do ubitego ryżu; Ostrożnie zdejmij obrus, aby nie złamać rolki sushi.
4. Pokrój plastry o grubości 1 cm i połóż je na półmisku. Powtarzaj kroki, aż skończysz składniki.
5. Aby zrobić sos: zmiksuj miąższ tamaryndowca, chipotles, sos sojowy i cytrynę; Wlej do pojemnika dla każdego obiadu do podania.

7. PYSZNY PRZEPIS SUSHI Z OWOCAMI

SKŁADNIKI

- 2 łyżki octu ryżowego
- 1/2 łyżeczki soli
- 1 łyżka cukru
- 1 szklanka ryżu sushi
- 1 szklanka wody
- 1 pomarańcza w najwyższym
- 1 kiwi, pokrojone w cienkie plasterki
- 1/2 szklanki jagód

PRZYGOTOWANIE

1. Ocet wymieszać z solą i cukrem.

2. Ryż myj, aż woda przestanie być mętna. Odcedź i umieść w garnku z wodą. Przykryj i gotuj na dużym ogniu; Gdy zacznie się gotować, zmniejsz ogień do minimum i gotuj przez 13 minut. Schłodzić i dodać mieszankę octu.
3. Rozłóż na tacy, lekko spłaszcz do grubości dwóch centymetrów po ostygnięciu. Pokrój w kostkę i udekoruj owocami. Służy.

8. SUSHI W RÓŻNYCH SMAKACH

SKŁADNIKI

- 1 duża szklanka ryżu sushi
- 1 szklanka wody
- 75 ml octu ryżowego
- 3 łyżki cukru
- Sól
- 2 arkusze odwodnionych wodorostów nori
- 2 ogórki
- 1 awokado pokrojone w plastry
- 150 g łososia, uprzednio rozmrożonego
- 150 g serka śmietankowego
- 1 mango
- 3 łyżki marynowanego imbiru

- 1/2 łyżeczki wasabi

PRZYGOTOWANIE

1. Ryż opłucz w zimnej wodzie i odcedź. Gotuj w garnku z pokrywką i gdy się zagotuje, zmniejsz ogień do minimum na 10 minut. Pozwól mu odpocząć jeszcze przez pięć minut.
2. Podgrzej ocet przez 20 sekund w kuchence mikrofalowej i rozpuść cukier i sól. Dodaj do ryżu, wymieszaj i przykryj wilgotną ściereczką, aby nie wysechł.
3. Ogórka obieramy i jedną obieraczką kroimy bardzo cienkie plastry, a drugą w paski. Wyeliminuj nasiona. Awokado pokroić w paski.
4. Połóż arkusz wodorostów, pozostawiając szorstką stronę do góry; Mokrymi rękoma połóż trochę ryżu na wierzchu i rozprowadź wzdłuż arkusza wodorostów, aby całkowicie przykryć, a na końcu sezam. Weź jeden koniec, aby odwrócić się na bambusowej macie pokrytej folią. Ułóż
Składniki rozwałkować wzdłuż w środku i delikatnie rozwałkować, naciskając palcem, aby uformować cylinder, dobrze ubić dłońmi

tak, aby był ciasny i podzielony na około osiem kawałków.
5. Jeśli zamierzasz zrobić bułki pokryte mango, ogórkiem lub awokado, powtórz tę samą czynność, a gdy obrócisz wodorosty pokryte ryżem, najpierw umieść ogórek, mango lub awokado na powierzchni i przykryj folią do kształtu a następnie matę dociskać z każdej strony, nadając kwadratowy kształt.
6. Podnieś matę i pokrój, dociskając plastikową folię, aby osłona nie spadła.

9. SUSHI Z KREWETKAMI

SKŁADNIKI

- 2 szklanki ugotowanego i doprawionego ryżu sushi
- 12 tanich krewetek
- 1 awokado w małych kostkach
- 1/2 batona serka śmietankowego połamanego w drobną kostkę
- 1 ogórek pokrojony w kostkę
- prażony sezam
- 1/2 szklanki sosu sojowego
- 2 cytryny (sok)
- 1 forma do robienia lodu

PRZYGOTOWANIE

1. Otwory w formie do lodu pomaluj olejem roślinnym i odrobiną wody. Za pomocą mokrych rąk weź niewielką porcję ryżu i wyłóż otwory w formie tak, aby pośrodku znajdował się otwór do wypełnienia sushi.
2. Wypełnij krewetką, kostkami awokado, serem i ogórkiem. Udekoruj sezamem. Rozłóż kostki sushi i podawaj na zimno. W towarzystwie sosu sojowego zmieszanego z sokiem z cytryny.

10. TALERZ SUSHI

SKŁADNIKI

- 2 szklanki japońskiego ryżu
- 2 szklanki wody
- 3 łyżeczki octu ryżowego
- 1/2 łyżeczki cukru
- 1 łyżeczka soli
- 300 g świeżego tuńczyka w plasterkach
- 300 g świeżego łososia, pokrojonego w plastry
- 1 ogórek w cienkich plasterkach
- 1 awokado, pokrojone w plastry
- 1 mango w cienkich plasterkach
- 1/2 szklanki masago (latające jajko rybne)
- 2 rzodkiewki, pokrojone w cienkie plasterki
- 2 arkusze wodorostów nori
- 2 łyżki wasabi

- 4 łyżki marynowanego imbiru

PRZYGOTOWANIE

1. Ryż opłukać, aż woda przestanie mętnieć, odcedzić i włożyć do garnka z wodą. Przykryj i gotuj na dużym ogniu, aż zacznie się gotować, następnie zmniejsz ogień do małego i gotuj bez odkrywania przez 13 minut.
2. Ocet wymieszać z solą i cukrem, polać ryżem i dobrze wymieszać. Przykryj wilgotną szmatką i pozostaw do ostygnięcia do temperatury pokojowej.
3. Przygotuj tacę sushi: używając części ryby jako sashimi, przygotuj kilka kawałków lub nigiris, robiąc krokiet ryżowy i kładąc na nim plaster ryby, a także maki (lub bułki). Aby przygotować bułkę, przykryj wodorosty nori cienką warstwą ryżu, odwróć i wypełnij ogórkiem, awokado lub rybą. Zwiń i pokrój na średniej wielkości kawałki.

11. WARZYWNA ROLKA SUSHI Z SEREM

SKŁADNIKI

- 4 arkusze wodorostów nori
- 2 szklanki gotowanego na parze ryżu sushi
- 1 marchewka pokrojona w julienne
- 1/2 ogórka pokrojonego w julienne
- 1/2 awokado pokrojonego w cienkie paski
- 1/2 batona serka śmietankowego pokrojonego w cienkie paski
- 4 drobno posiekane batony surimi
- 1 łyżeczka drobno posiekanej cebuli Chambray
- Lekka i niskosodowa sala sojowa do towarzyszenia
- Sezam do dekoracji
- 1/2 marchewki drobno posiekanej
- 2 łyżeczki majonezu

PRZYGOTOWANIE

1. Połóż wodorosty nori na macie do sushi. Następnie ułóż porcję ryżu i mokrymi rękami rozprowadź ją wzdłuż wodorostów, starając się zostawić miejsce wolne od ryżu, aby zapieczętować sushi.
2. Umieść trochę sera, marchewki, ogórka i batoników z awokado na końcu, gdzie zaczyna się ryż. Za pomocą maty obróć i zwiń nadzienie, starając się je dokręcić na tyle, aby było zwarte. Odwróć ją całkowicie i za pomocą pędzla zwilżonego wodą uszczelnij rolkę. Rezerwacja.
3. Powtarzaj operację, aż skończysz ze składnikami.
4. Za pomocą wilgotnego, ostrego noża pokrój każdą roladę na 8 plastrów.
5. W przypadku sosu Tampico wymieszaj wszystkie składniki, aż zostaną całkowicie połączone.
6. Roladki podawać z sosem Tampico, sosem sojowym i sezamem do dekoracji.

12. SUSHI Z SERKIEM ŚMIETANYM Z KIWI

SKŁADNIKI

- 3 kiwi, obrane i pokrojone w plastry
- 190 g serka śmietankowego, zmiękczonego
- 1 łyżka cukru
- 1 szklanka białego ryżu na parze

PRZYGOTOWANIE

1. Ser ubić z cukrem i ułożyć na kawałku samoprzylepnego plastiku tak, aby uformował prostokąt o wymiarach 10 x 15 cm i grubości 1/2 cm.
2. Rozłóż ryż i na wierzchu ułóż plasterki kiwi; Za pomocą plastiku zwiń ser (naciśnij, aby go zagęścić); Wstawić do lodówki do czasu podania.
3. Wyjmij rolkę, ostrożnie usuń plastik i pokrój ją.

13. SUSHI Z BRĄZOWEGO RYŻU Z KOZIM SEREM I SZPARAGAMI

SKŁADNIKI

- 4 wodorosty na sushi
- 1 szklanka ugotowanego brązowego ryżu
- 1 łyżka octu ryżowego
- 1 szczypta soli i cukru
- 8 szparagów blanszowanych
- 1 laska pokruszonego koziego sera
- 3 łyżki soi
- 1 łyżka soku z cytryny

PRZYGOTOWANIE

1. Ocet wymieszać z solą i cukrem. Dodaj ryż.

2. Przykryj jedną stronę wodorostów cienką warstwą ryżu, a następnie połóż dwa szparagi na ryżu i trochę koziego sera.
3. Połóż na makisu (japońskiej drewnianej macie) i zawiń, robiąc bułkę; Mocno docisnąć i pokroić na pojedyncze kawałki za pomocą mokrego noża.
4. Podawać z sosem sojowym i cytryną.

14. CIASTO SUSHI Z SURIMI I SERKIEM ŚMIETANKOWYM

SKŁADNIKI

- 2 szklanki japońskiego ryżu
- 2 cucharadas de mirin
- 2 łyżki octu ryżowego
- 4 batony posiekanego surimi
- 1/2 opakowania serka śmietankowego
- 1 awokado, pokrojone w cienkie plasterki
- 1 ogórek pokrojony w cienkie plasterki
- 3 cucharadas de furikake (condimento chino)
- Woda, niezbędna

PRZYGOTOWANIE

1. Umyj ryż, aż zauważysz, że woda jest czysta. Umieść go w garnku z 2 i 1/2 szklanki wody.
2. Gotuj pod przykryciem, aż się zagotuje. Zmniejsz ogień do minimum i gotuj przez 15 minut. Wyjmij, odstaw na 5 minut i dodaj mirin.
3. Zintegruj surimi i ser.
4. W szklanej misce ułóż ryż. Rozłóż surimi, połóż kolejną warstwę ryżu. Dodaj plasterki ogórka i awokado. Przykryj większą ilością ryżu i na koniec rozsmaruj furrikake.
5. Pokroić na pojedyncze porcje do podania.

15. MAKI - SUSHI DLA POCZĄTKUJĄCYCH I KONESERÓW

Składniki na 2 porcje

- 250 g ryżu (ryż do sushi)
- 375 ml wody
- 1 łyżka octu ryżowego
- ½ łyżki Mirin
- ½ łyżki cukru
- 1 łyżeczka soli
- 6-częściowe arkusze Nori
- 250 g Stek(ów) z łososia smażony na patelni przez 8 minut z obu stron i pokrojony w paski

- 1 łyżeczka pasty Wasabi
- 6 cm Ogórek sałatkowy (ogórki), ze skórką, pokrojony w cienkie paski
- ½ Czerwona papryka (s), pokrojona w cienkie paski

Przygotowanie

1. Ryż umyj na sicie pod bieżącą wodą, aż spływająca woda będzie czysta. W rondelku szybko zagotuj ryż i wodę, znacznie zmniejsz ogień i gotuj ryż przez 10-12 minut. W międzyczasie mieszaj w małej misce ocet ryżowy z mirin, cukrem i solą, aż wszystko się całkowicie rozpuści. Włóż ryż do płytkiej miski (bez metalu!) I pozostaw do ostygnięcia na 10 minut. Dodaj roztwór octu ryżowego i ostrożnie wymieszaj drewnianą łyżką. Całkowicie ostudź i podziel na 6 równych porcji.
2. Teraz ułóż arkusz nori błyszczącą stroną do dołu na bambusowej macie i rozprowadź cienko i równomiernie 1 porcję ryżu; Zostaw krawędź 1,5 cm na jednym końcu. W przedniej trzeciej części łyżki zrób bruzdę w poprzek kierunku walcowania i rozprowadź na niej pastę wasabi. Uważaj, wasabi jest bardzo gorące! Następnie umieść w bruździe smażone

paski łososia i umieść za nimi paski ogórka i/lub papryki według uznania. Zwilż wolny koniec arkusza nori niewielką ilością wody. Teraz unieś nieco matę bambusową z przodu i unieś arkusz nori wokół wypełnienia z przodu, delikatnie naciskając. Podnoś matę bambusową, jednocześnie zwijając rolkę sushi, aż zostanie całkowicie zamknięta. Musisz to przećwiczyć kilka razy. U mnie za pierwszym razem wyszło całkiem nieźle!

3. Na koniec przed tobą 6 ładnych rolek sushi, czekających na ostateczny kształt maki. Teraz czas najpierw przygotować narzędzie, czyli zrobić dobry nóż ultra-ostry (!). W przeciwnym razie maki sushi wygląda bardziej jak opony samochodowe! Połóż po jednej rolce sushi na drewnianej desce i dokładnie odetnij końce (resztki są dla kucharza!). Zawsze przed ponownym cięciem zanurz nóż w zimnej wodzie! Rolkę sushi podzielić na środek i pokroić każdą połówkę na 4 maki sushi tej samej wielkości. Ułóż na dużym talerzu ściętą powierzchnią do góry. Schłodź gotowe sushi lub od razu je skonsumuj.

4. Nakryj stół, przygotuj sos sushi sashimi, pastę wasabi i marynowany imbir i ciesz się kawałek po kawałku!

16. ODMIANA SUSHI

Składniki na 4 porcje

450 g Ryż (ryż do sushi) niegotowany (gotowanie)

Przygotowanie w naszej podstawowej wiedzy specjalistycznej)

- 1 Awokado(a)
- 1 ogórek
- 1 Majonez
- 2 Sezam, opiekany
- 150 g łososia
- 1 szt. Surimi (imitacja mięsa kraba)

- 6 Garnele (rzecz.)
- 150 g tuńczyka
- Pasta Wasabi (ostra japońska pasta chrzanowa)
- Liście Nori (Liście glonów)
- marynowany imbir (Gari)
- sos sojowy
- Sałata - liście np. Lollo Rosso

Przygotowanie

1. Przygotowanie do gotowania ryżu do sushi znajdziesz "tutaj!"
2. Zanim zaczniesz, owiń matę do sushi folią spożywczą, aby utrzymać matę w czystości i zapobiec przyklejaniu się ryżu w przestrzeniach między cienkimi bambusowymi tyczkami.

Maki z łososiem

1. Weź arkusz nori i pokrój go na pół nożem. Połóż liść na bambusowej macie szorstką stroną do góry, aby ryż lepiej się do niego przykleił. Teraz lekko zwilż palce w misce wodą i rozłóż dużo schłodzonego ryżu na

arkuszu nori tak, aby arkusz wodorostów był pokryty ryżem, na dnie powinien pozostać tylko wolny brzeg, aby później można było skleić bułkę. Teraz pokrój łososia na patyk i połóż go wzdłuż na ryżu. Posmaruj łososia wasabi, ale tylko cienko, bo wasabi jest dość gorące. Następnie zwilż odkrytą krawędź płachty nori i, zaczynając od drugiej strony, złóż bambusową matę tak, aby powstała rolka. Jeśli naciśniesz zwiniętą matę bambusową od góry i po bokach, uzyskasz kwadratowy kształt.

California Roll lub Inside-Out

2. Weź pół arkusza alg, połóż go na przedniej części maty i całkowicie przykryj szorstką stronę ryżem, posyp ryż ziarnami sezamu. Weź wolną stronę maty bambusowej, ubij ryż z algami, dociśnij i odwróć, więc teraz mamy przed sobą drugą stronę arkusza alg, ryż jest opuszczony. Rozłóż trochę majonezu wzdłuż na liściu wodorostów, ułóż również wzdłuż surimi na majonezie, pokrój ogórek i awokado na słupki i dodaj je. Posmaruj odrobiną wasabi i na koniec nałóż trochę Lollo Rosso na wierzch. Teraz zwiń całość za pomocą maty bambusowej.

Nigiris z tuńczykiem i krewetkami

3. Aby to zrobić, pokrój tuńczyka w cienkie plasterki wielkości kęsa i usuń skorupkę z krewetki. Posmaruj je odrobiną wasabi. Zwilż dłonie, weź trochę ryżu i zwiń go w owalny kształt na grzbiecie dłoni, a następnie uciśnij w kształt pudełka. Umieść rybę na ryżu.
4. Ilość nigiri w stosunku do maki zależy wyłącznie od twoich preferencji, jeśli wolisz maki, po prostu zrób więcej rolek sushi. Tutaj oczywiście bułka może być również całkowicie wegetariańska, na przykład z samym awokado lub grzybami shiitake lub, według własnego gustu, również urozmaicona warzywami i rybami. Oczywiście do nigiri można również użyć innych morskich stworzeń, na przykład łososia, ośmiornicy, makreli, przegrzebka itp. Wystarczy wcześniej zastanowić się podczas zakupów, aby dostosować ilość morskich składników do swoich potrzeb. I upewnij się, że zawsze kupujesz świeże ryby, najlepiej powiedzieć, że chcesz zrobić sushi.

5. Do podania pokrój bułeczki na ok. 2 cm. 6 do 8 sztuk, użyj ostrego noża i lekko zwilż przed każdym cięciem, aby uzyskać czyste kawałki i żaden ryż nie przykleił się nigdzie na krawędziach rolki. Ułóż kawałki nigiris na talerzu. Podawaj marynowany imbir i sos sojowy w osobnych miseczkach. Zarówno nigiris, jak i maki można maczać w sosie sojowym, co nadaje mu dodatkowego smaku, a pastę wasabi można podawać również osobno. Imbir służy do neutralizacji smaku między dwoma różnymi kęsami sushi, ale niektórzy po prostu jedzą go razem z nimi.
6. Baw się dobrze „tocząc" i ciesz się posiłkiem!

17. RYŻ SUSHI

Składniki na 4 porcje

- 450 g ryżu, krótkoziarnistego ryżu kalifornijskiego (Nishiki)
- 600 ml wody
- Także: (Do mieszanki przypraw do ryżu sushi)
- 100 ml podróży ☐ 2 Zucker
- 1 TL soli
- 4 krople sosu sojowego

Przygotowanie

1. Ryż dokładnie umyj na sicie, aż woda będzie czysta, a następnie dobrze odcedź.
2. Ryż wsypać do garnka z określoną ilością wody i odstawić na ok. 1 godz. 20 minut.
3. Następnie zamknij garnek dobrze dopasowaną pokrywką i powoli podgrzej zawartość. Następnie ustaw ogień na najwyższy poziom i zagotuj.
4. Teraz wróć do najniższego ustawienia i pozwól ryżowi namoczyć się przez około 10 minut.

5. Zdejmij garnek z kuchenki, umieść złożony ręcznik kuchenny pod pokrywką i pozwól ryżowi puchnąć przez kolejne 10 minut.
6. Wymieszaj składniki przyprawowe w rondlu i podgrzej, aż cukier i sól całkowicie się rozpuszczą.
7. Następnie polej ryż mieszanką przypraw i wymieszaj. (Uwaga, teraz jest też ocet ryżowy, który jest już doprawiony solą i cukrem, a następnie po prostu polej ryż „gotowym" octem z odrobiną sosu sojowego!)
8. Niech ryż dobrze ostygnie. Ryż można następnie przetworzyć na sushi. Jeśli ryż ma być później przetwarzany, warto przykryć go wilgotną szmatką, aby nie wyschł.

18. ROLKA KALIFORNIA

Składniki na 1 Porcję

- 500 g Ryż, gotowe sushi
- 1 szt. Arkusze Nori
- majonez
- 250 ml wody

Do nadzienia:

- 1 szt. Surimi
- 1 awokado (s), pokrojone w cienkie paski
- 1 Ogórek (y), pokrojony w cienkie paski
- 50 g ikry muchówki
- Sezam, czarno-biały
- sos sojowy
- marynowany imbir

Przygotowanie

1. W małej misce wymieszaj ocet ryżowy i wodę.
2. Połóż bambusową matę na powierzchni roboczej i zawiń ją w folię spożywczą. Złóż arkusz nori na pół i rozłóż na części. Połóż przepołowiony arkusz nori na macie.

3. Zanurz ręce w wodzie z octem, aby ryż nie przywierał do niej. Weź garść ryżu i uformuj wydłużony blok.
4. Umieść ryż na środku arkusza nori i równomiernie rozprowadź na nim opuszkami palców. Podnieś pokryty ryżem arkusz nori i szybko go odwróć.
5. Na środku arkusza nori połóż imitację mięsa kraba i paski ogórka, wyciągnij wąski pasek majonezu, doprawiony wasabi, a na wierzch ułóż paski awokado.
6. Podnieś matę bambusową i w razie potrzeby przytrzymaj nadzienie. Zacznij zwijać. Delikatnie ściśnij roladę i delikatnie dociśnij prostokątny kształt.
7. Ponownie rozwiń matę. Rozłóż ikrę rybną na rolce sushi i lekko dociśnij grzbietem łyżki. Odwróć rolkę, aby spód również pokrył ikrą.
8. Zanurz ściereczkę w wodzie z octem i wytrzyj ostry nóż wilgotną szmatką. Przekrój bułki na pół nożem.
9. Po każdym cięciu ponownie zwilż ostrze ściereczką. Ułóż obie połówki rulonu jedna za drugą i dwukrotnie przetnij tak, aby powstało 6 kawałków równej wielkości. Ułóż na talerzu i podawaj z sosem sojowym i marynowanym imbirem.

19. MISKA SUSHI

Składniki

- 80 g pełnoziarnistego ryżu krótkoziarnistego
- 1/2 ogórka
- 2 marchewki (małe)
- 1 arkusz nori (wodorosty)
- 200 g edamame w strąkach
- Sól
- 150 g łososia (jakość sushi, alternatywnie surimi)
- 1 awokado
- 1 ząbek czosnku
- 1-2 łyżki Gari (marynowany imbir)

- 3 łyżki sosu sojowego
- 1 szczypta proszku wasabi (zgodnie z życzeniem)
- 2 łyżki przygotowania nasion sezamu (jasnego i ciemnego)

1. W misce do sushi najpierw zagotuj ryż w rondlu z 160 ml wody i przykryj na małym ogniu na około 35 minut. Następnie przykryj i pozwól mu pęcznieć na wyłączonej płycie grzejnej przez 5-10 minut.
2. Ogórek oczyścić i umyć, pokroić w paski wielkości kęsa. Oczyść, obierz i pokrój marchewki na kawałki wielkości kęsa. Pokrój glony na cienkie paski, około jednej trzeciej na małe kawałki.
3. Edamame spłukać zimną wodą, gotować we wrzącej, osolonej wodzie przez około 5 minut, wyjąć łyżką cedzakową, ostudzić i miazgę ze strąków wycisnąć. Odłóż nasiona na talerz.
4. Łososia pokroić ostrym nożem w plastry wielkości kęsa. Przekrój awokado na pół i usuń pestkę. Miąższ ze skóry pokroić w kostkę i zdjąć ze skóry łyżką stołową. Obierz czosnek,

grubo posiekaj i drobno zmiksuj z gari, sosem sojowym i, jeśli chcesz, wasabi w blenderze lub mikserze ręcznym.
5. Przed podaniem wymieszaj kawałki alg z ryżem i podziel je na dwie miski. Na wierzchu ułóż ogórek, marchew, edamame, łososia i awokado, udekoruj paskami wodorostów i sezamu i podawaj od razu z sosem skropionym na misce sushi .

20. SUSHI

Składniki na 6 Porcji

- 1 kg ryżu do sushi
- 10 arkuszy Nori
- 200 g łososia, świeżego
- 100 g granatu (n)
- ½ Ogórka (s), mniej więcej długości liści nori
- ½ awokado
- 2 marchewki, mniej więcej długości liści nori
- Sezam
- Wszędzie
- sos sojowy

- Pulver Wasabi
- Marynowany imbir
- cukier

Także: (dla japońskiego omletu)

- 1 łyżeczka sosu sojowego
- 2 łyżeczki w całym
- trochę cukru

Przygotowanie

1. Najpierw ugotuj ryż sushi zgodnie z opisem na opakowaniu.
2. W międzyczasie podgrzej w rondelku 12 łyżek Mirin z cukrem, aż cukier się rozpuści. Następnie dodaj wywar z mirin do gotowego ryżu sushi i wymieszaj. Niech ryż ostygnie.
3. Pokrój ogórek, marchewkę i awokado w cienkie paski, dopasowując się do długości liści nori. Zrób to samo z łososiem, drugą pokrój na szersze, krótkie, ale cienkie kawałki, które później zostaną nałożone na nigiri. Pokrój krewetki wzdłuż, aby można je było ułożyć płasko na nigiris, lub pozostaw je nie przycięte.
4. Owiń bambusową matę folią spożywczą, aby zapobiec przywieraniu ryżu i połóż na wierzchu arkusz nori. Odcinam jedną trzecią

każdego arkusza nori i używam tej mniejszej części do wywijania rolek, więc maki są również
ładny rozmiar. Gdy ryż ostygnie, rozłóż warstwę ryżu na jednym z arkuszy nori, upewniając się, że warstwa nie jest zbyt gruba. Teraz umieść wybrane kawałki ryby, ogórka, marchewki lub paski awokado na początku bułki i lekko dociśnij bułkę za pomocą maty do sushi.
5. Na większy talerz połóż sezam. W przypadku bułek wywiniętych na lewą stronę ryż ułóż bezpośrednio na macie pokrytej folią spożywczą. Na wierzchu połóż mniejszą część liścia norbi i ponownie wypełnij go paskami warzyw lub ryby. Teraz roluj matą i obróć gotową bułkę w sezamie.
6. Na nigiri uformuj małe ilości ryżu i przykryj łososiem i krewetkami. Możesz też posypać go omletem. Do japońskiego omleta ubijałam 2 jajka, 1 łyżeczkę sosu sojowego i 2 łyżeczki mirinu z odrobiną cukru i odstawiałam na patelnię na małym ogniu. Następnie pokroić w cienkie, szerokie plastry, które następnie

można położyć na nigiri. Tutaj wycinam cienkie paski z arkusza nori, owijam je wokół środka nigiri i lekko zwilżam mieszanką wody i mirinu.

7. Pokrój rolki sushi na kawałki wielkości kęsa i ułóż na talerzach z nigiri. Wymieszaj proszek wasabi z wodą lub użyj gotowej pasty. Sos sojowy przełóż do płytkich miseczek i podawaj z marynowanym imbirem.

21. FUTOMAKI, SUSHI Z WĘDZONYM ŁOSOSIEM I ŚMIETANKOWYM SERKIEM

Czas 60 min.

Składniki na 2 Porcje

- 2 szklanki / n ryżu (ryż do sushi)
- 3 szklanki / n wody

- 3 Ocet ryżowy (ocet do sushi)
- 2 arkusze Nori
- 200 g Łosoś wędzony
- ½ awokado
- 6 pałeczek Surimi
- 1 szt. ser topiony
- trochę wasabipasty

Przygotowanie

1. Zawsze używaj prawdziwego ryżu sushi (krótkie, grube ziarna, jak pudding ryżowy) ze sklepu Asia.
2. Na 2 bułki krótko zagotuj 2 szklanki ryżu z 3 szklankami wody, a następnie gotuj przez 5 minut na średnim ogniu i 10 minut na małym ogniu. Następnie wyłącz kuchenkę i pozwól ryżowi pęcznieć przez kolejne 20 minut przy zamkniętej pokrywie.
3. Włóż ryż do miski, dodaj 3-5 łyżek octu sushi (octu ryżowego zmieszanego z cukrem) i delikatnie wymieszaj drewnianą łyżką lub szpatułką. Pozwól mu ostygnąć, rozluźniając go od czasu do czasu.

4. Ułóż warstwę ugotowanego ryżu sushi (ok. 0,5 cm) na arkuszu nori (opieczone wodorosty).
5. Na wierzch ryżu ułożyć warstwę dostępnego w handlu wędzonego łososia, nie przykrywać ryżu całkowicie (200 g wędzonego łososia wystarcza na 2 „grube" bułki). Rozłóż wasabi na odsłoniętym ryżu.
6. Na łososiu ułożyć 2 szyny z surimi (uprzednio przecięte wzdłuż na pół), miejsce (ok. 1 cm) wypełnić serkiem śmietankowym.
7. Na serek ułożyć paski awokado i całość przykryć drugą, mniejszą warstwą wędzonego łososia.
8. Zwiń bambusową matą leżącą pod prześcieradłem nori. Aby zamknąć, przytrzymaj rolkę jedną ręką, drugą zwilż i zwilż szwy na płachcie nori mokrymi opuszkami palców, a następnie zwiń i dociśnij szew do blatu przez około 10 sekund z lekkim naciskiem, aby dwa z nich się spotykają. Połącz ze sobą końce arkusza nori, aby rolka nie pękła przy cięciu.
9. Zrób to samo z drugim arkuszem nori i pozostałymi składnikami. Pokrój bułki na 5-6 kawałków.

22. ONIGIRI Z ŁOSOSEM I KURCZAKIEM

Składniki na 2 Porcje

- 2 szklanki / n ryżu (ryż krótkoziarnisty)
- 100 g Łosoś wędzony lub bardzo świeży
- 100 g Filet z piersi kurczaka (s)
- 2 arkusze Nori
- 3 Ocet (sushi-zu), gotowy ocet do sushi do przyprawiania ryżu
- Pasta wasabi
- Sos sojowy do maczania
- majonez
- Mieszanka przypraw (furikake)

Przygotowanie

1. Dobrze wypłucz ryż krótkoziarnisty na sicie, aż woda będzie czysta. Włóż do rondla z 4 szklankami wody. Zagotuj ryż na dużym ogniu. Gdy tylko w garnku pojawi się piana, wyłącz kuchenkę i pozostaw ryż na ciepłym piecu przez 15 minut. Bardzo ważne: nigdy nie zdejmuj pokrywki, gdy ryż się gotuje, a następnie odpoczywa. Najlepszym sposobem określenia, kiedy ryż się gotuje, jest użycie rondla ze szklaną pokrywką.
2. Doprawić gorący ryż sushi i ostudzić.
3. W międzyczasie pokrój filet z piersi kurczaka w kostkę, dopraw i smaż, aż będzie gotowy. Łososia pokroić w kostkę. Pokrój każdy arkusz nori na 5 pasków tego samego rozmiaru.
4. Teraz uformuj z ryżu kulki. Najłatwiej to zrobić za pomocą formy onigiri, która jest dostępna w różnych kształtach i rozmiarach. Napełnij kulki ryżowe w środku łososiem lub kurczakiem. Jeśli chcesz, dodaj do nadzienia odrobinę majonezu.
5. Posmaruj gotowe onigiri odrobiną pasty wasabi i owiń je paskiem nori.

23. JAPOŃSKA SAŁATKA Z WODORÓW

Składniki na 4 porcje

- 1 torebka / n Wakame, suszone wodorosty (56 gramów w torebce)
- 3 łyżkiOcet (sushi, ryż)
- 3 łyżki oleju sezamowego ⬜ 1 łyżka soku z limonki
- 1 łyżka świeżo startego imbiru
- 1 łyżka cukru
- 1 palec u nogi / n Czosnek, prasowany
- 2 łyżki drobno posiekanej kolendry
- ½ łyżki chili w proszku
- 1 łyżka sezamu

Przygotowanie

1. Wodorosty zalać gorącą wodą i pozostawić na 10 minut do zaparzenia.

Przygotuj sos:

2. wymieszaj wszystkie składniki (oprócz wodorostów i sezamu) w małej misce, aż będą gładkie. Dopraw do smaku chilli w proszku, w zależności od stopnia ostrości. 3. Odcedź wodorosty i trochę wykręć. Teraz po prostu wrzuć odsączone wodorosty do sosu i posyp sezamem według uznania. Pozostaw do zaparzenia przez około 1 godzinę, najlepiej w lodówce.
4. Sałatkę wakame można również łatwo zamrozić w porcjach.
5. Zawsze jemy to z sushi (lub teraz tylko dlatego, że jesteśmy od niego uzależnieni).

24. ŁOSOŚ - SUSHI

Składniki na 1 Porcję

- 1 szklanka ryżu (ryż do sushi)
- 200 g łosoś w plastrach (dziki łosoś, wędzony)
- 200 g Serek śmietankowy z ziołami
- 1 pęczek rzodkiewki
- 1 łyżka sosu sojowego (lekki)
- 1 łyżka cukru
- ½ łyżeczki soli ⬜ Do zestawu:
- Koperek - proporczyk
- Szczypiorek - łodygi

Przygotowanie

1. Składniki wystarczają na 12 bułek z łososiem.
2. Ryż ugotować zgodnie z Przygotowaniem na opakowaniu, wymieszać z solą, cukrem i sosem sojowym i odstawić.
3. Oczyść, umyj i drobno posiekaj rzodkiewki.
4. Plastry łososia rozłożyć lekko na siebie na blacie wyłożonym folią tak, aby prostokąt ok. Powstaje 30 x 22 cm. Następnie posmaruj ryżem, a na wierzchu serkiem śmietankowym. Posyp rzodkiewkami i zawiń łososia ciasno folią i wstaw do zamrażarki na około 30 minut.
5. Następnie wyjmij, pokrój na ok. 5 cm. Plastry o szerokości 2 cm ułożyć na talerzu/talerze i udekorować koperkiem i szczypiorkiem.

25. TAMAGOYAKI - OMLET JAPOŃSKI

Składniki na 2 Porcje

- 4. jajko (a)
- trochę proszku Dashi, rozpuszczonego w 1 łyżce wody
- 2 łyżeczki sosu sojowego
- 1 szczypta soli
- trochę cukru
- 1 łyżeczka Mirin
- olej

Przygotowanie

1. Jajka wymieszaj z dashi, sosem sojowym, solą, cukrem i mirinem (jeśli nie ma mirinu, użyj więcej cukru). Jajko nie powinno się pienić.
2. Natrzeć patelnię, najlepiej prostokątną, olejem i podgrzać. Dodaj około 1/3 masy jajecznej na patelnię. Gdy jajko jest gotowe, ostrożnie zwiń je z jednej strony w kierunku środka. Ponownie natrzyj odsłoniętą stronę patelni olejem i dodaj trochę masy jajecznej. Gdy nowa warstwa jajka stwardnieje, zwiń ją ponownie, tym razem z drugiej strony patelni w kierunku środka. Powtarzaj kroki, aż mieszanina jajek się zużyje.
3. Gdy omlet jest gotowy, wyjmij go z patelni i pozwól mu ostygnąć.
4. Pokrój w paski po wąskiej stronie i z. Użyj go na przykład do sushi nigiri.

26. SUSHI LOW CARB

Składniki na 2 Porcje

- 200 g sera feta
- 350 g Serek śmietankowy, ziarnisty
- ½ ogórka (rzeczownik)
- 150 g wędzonego łososia
- 5 arkuszy Nori
- Sos sojowy do smaku

Przygotowanie

1. Pokrusz ser feta i dokładnie wymieszaj z ziarnistym serkiem śmietankowym. Wędzonego łososia pokrój w paski. Ogórka

obieramy, łyżką wyskrobujemy wnętrze, a mięso kroimy w długie paski.

2. Połóż arkusz nori na macie i rozprowadź 2/3 pasty serowej (niezbyt gęsto), ułóż pasek wędzonego łososia i ogórka i zwinąć jak normalne sushi. Odstaw trochę, aby liście nori zwilżyły się, a następnie pokrój w bułeczki o długości 3-4 cm. Podawać z sosem sojowym.

27. GRUBE ROLKI SUSHI

Składniki na 1 Porcję

- 500 g Ryż, gotowe sushi
- 1 szt. Arkusze Nori
- Pasta wasabi
- Do nadzienia:
- 2 marchewki, pokrojone w cienkie paski
- 1 Ogórek (y), pokrojony w cienkie paski
- 200 g Pokrój łososia lub tuńczyka na patyczki wielkości patyczków
- 1 rzodkiewka (y), japońska, marynowana

- 1 szt. Fasola, warzywa, drobno posiekane i gotowane na parze
- 1 awokado (s), pokrojone w cienkie paski
- 1 torebki z tofu pokrojone w paski o grubości 1 cm
- 2 łyżki Ocet ryżowy
- 250 ml wody
- sos sojowy
- marynowany imbir

Przygotowanie

1. W zależności od upodobań wybierz nadzienie i pokrój warzywa na 1 cm patyczki, a rybę na kawałki grubości ołówka.
2. W małej misce wymieszaj ocet ryżowy i wodę.
3. Połóż bambusową matę na powierzchni roboczej. Umieść arkusz nori na bambusowej macie błyszczącą, gładką stroną do dołu.
4. Zanurz ręce w wodzie z octem, aby ryż nie przywierał do niej. Weź garść ryżu i uformuj wydłużony blok.
5. Umieść 2 bloki ryżu na środku arkusza nori i rozprowadź równomiernie na wierzchu opuszkami palców. U góry zostaw pasek o szerokości 4 cm.

6. Posmaruj ryż w środku odrobiną pasty wasabi, nie przesadzaj, smak wasabi nie powinien maskować smaku
Składniki.
7. Umieść pasek ryby na ryżu pokrytym wasabi. Opraw obie strony paskami warzyw.
8. Podnieś przedni koniec maty bambusowej i powoli zacznij ją zwijać. Przytrzymaj nadzienie środkowym, serdecznym i małym palcem.
9. Zwiń go tak, aby koniec arkusza nori stykał się z krawędzią ryżu. Zastosuj lekki nacisk, aby uformować rolkę.
10. Teraz wystaje tylko bezpłatny pasek nori. Ostrożnie uformuj bułkę obiema rękami. Odłóż rolkę sushi i uformuj pozostałe rolki.
11. Zanurz ściereczkę w wodzie z octem i wytrzyj ostry nóż wilgotną szmatką. Przekrój bułki na pół nożem.
12. Po każdym cięciu ponownie zwilż ostrze ściereczką. Ułóż obie połówki bułki jedna za drugą i dwukrotnie przetnij tak, aby uzyskać 6 kawałków tej samej wielkości. Ułóż na

talerzu i podawaj z sosem sojowym i marynowanym imbirem.

28. ROLKI KALIFORNIJSKIE WEWNĄTRZ - NA ZEWNĄTRZ

Składniki na 12 Porcji

- 250 g Ryż, ryż do sushi, gotowe
- 2 arkusze Nori
- 40g Surimi
- Ogórek sałatkowy (s), 2 paski, pokrojone wzdłuż
- ½ awokado (y)
- 1 łyżeczka soku z cytryny
- 4 łyżki sezamu
- 1 łyżka chrzanu (śmietana)

Przygotowanie

1. Upraż nasiona sezamu na patelni na złoty kolor, odstaw do ostygnięcia na płaskim talerzu. Patyczki surimi osuszyć i przeciąć wzdłuż na pół. Ogórek myjemy, kroimy wzdłuż na pół i łyżką usuwamy pestki, odcinamy ok. 2 paski. Szerokość 0,5 cm. Obierz awokado, pokroić wzdłuż na paski i natychmiast skropić sokiem z cytryny.
2. Owiń matę do sushi w całości folią spożywczą. Połóż na nim arkusz nori gładką stroną do dołu i przykryj go całkowicie połową ryżu. Lekko dociśnij ryż, a następnie odwróć arkusz nori tak, aby ryż leżał na folii spożywczej.
3. Rozłóż połowę chrzanu na dolnej jednej trzeciej arkusza nori, połóż połowę paluszków surimi, paluszków ogórka i awokado na wierzchu, zwiń całość.
4. Z pozostałych składników uformuj drugą bułkę. Pokrój bułki na 6 kawałków i obtocz każdy kawałek w prażonym sezamie.

29. SAŁATKA SZPINAKOWA Z DROSEM SEZAMOWYM

Składniki na 2 Porcje

- 250 g szpinaku, świeżego
- 1 łyżka sezamu, opiekana
- 1 łyżka pasty sezamowej (tahini)
- 2 łyżki sosu sojowego, japoński
- 2 łyżeczki cukru
- 1 łyżeczka octu (np. stary mistrz) lub lepiej mirin
- Woda (słona woda)

Przygotowanie

1. Szpinak blanszować w osolonej wodzie i opłukać w zimnej wodzie, następnie włożyć do durszlaka i po odcedzeniu wycisnąć więcej płynu. Mieszać

wszystkie pozostałe składniki w misce. Szpinak wymieszać z dressingiem.
2. Podawany jako dodatek do sushi w małych miseczkach i posypany kilkoma dodatkowymi ziarnami sezamu. Punktem kulminacyjnym jest zdecydowanie tahini i nie można go zastąpić!

30. SUSHI - RYŻ

Składniki na 4 porcje

- 250 g Ryż (sushi - ryż)
- 2 Ocet (ocet ryżowy)
- 1 łyżka cukru wyrównanego
- 1 łyżeczka soli

Przygotowanie

1. Wypłucz ryż sushi na sicie pod zimną bieżącą wodą, aż woda będzie czysta i pozwól ziarnom dobrze odsączyć.
2. Ryż zagotować z 300 ml wody, gotować 2 minuty, zmniejszyć ogień i przykryć ryż na małym ogniu przez 10 minut.
3. Zdejmij pokrywkę, umieść 2 warstwy papieru kuchennego między garnkiem a pokrywką i

pozwól ryżowi ostygnąć przez kolejne 10 do 15 minut.
4. W międzyczasie zagotuj ocet ryżowy, sól i cukier i ponownie ostudź.
5. Ryż wsypać do miski, skropić go ostrym octem i wymieszać drewnianą szpatułką, ale nie mieszać.
6. Przykryj ryż wilgotną szmatką, aż będziesz gotowy do ponownego użycia.

31. SUSHI TEMAKI

Składniki na 1 Porcję

- 1 Port.Ryż, gotowe sushi
- Arkusze Nori
- Wasabipaste ⬜ 2 Podróże
- 250 ml wody

Do nadzienia:

- 2 marchewki, pokrojone w cienkie paski
- 1 Ogórek (y), pokrojony w drobne paski
- 200 g Łososia pokrojonego w cienkie paski
- 200 g tuńczyka pokrojonego w cienkie paski
- 1 szt. Surimi, pokrojone w krótkie patyczki
- rzeżucha
- sos sojowy
- Marynowany imbir

Przygotowanie

1. W małej misce wymieszaj ocet i wodę.
2. Przekrój arkusz nori na pół.
3. Zanurz ręce w wodzie z octem, aby ryż się do niej nie przykleił.
4. Umieść czubatą łyżkę ryżu sushi w lewej połowie arkusza alg. Rozłóż ryż i posmaruj odrobiną pasty wasabi.
5. Ułóż różne nadzienia po przekątnej na wierzchu ryżu. Powinny być skierowane w lewy górny róg arkusza nori.
6. Złóż lewy dolny róg do prawego górnego rogu arkusza nori. Kontynuuj zwijanie arkusza do torby. Przyklej ziarnko ryżu w prawym dolnym rogu i przymocuj róg do torby.
7. Ułóż kilka torebek sushi w szklance lub misce i podawaj z sosem sojowym i marynowanym imbirem.

32. SAŁATKA SUSHI

Składniki na 2 Porcje

- 100 g ryżu sushi, trzy
- 150 ml wody
- 25 ml podróży
- 1 cukier
- Sól
- 120 g krewetek, wstępnie ugotowanych
- 100 g Łosoś surowy, świeży lub mrożony
- 1 ogórek (rzeczownik)
- 3 liście nori (prażone wodorosty)
- 1 Imbir, marynowany, odsączony
- 2 limonki (rzeczownik)
- ½ łyżeczki pasty wasabi
- 1 sos sojowy
- 1 słodki sos chili

Przygotowanie

1. Ryż umyć i delikatnie gotować w rondelku pod wodą przez 15 minut (w razie potrzeby dodać wody), zdjąć z ognia i moczyć przez kolejne 30 minut.
2. Wymieszaj ocet ryżowy, 1 łyżeczkę cukru i 1/4 łyżeczki soli i wymieszaj z ryżem.
3. Ogórek obrać, wydrążyć i pokroić w drobną kostkę. Pokrój liście nori na małe kawałki (najlepiej nożyczkami kuchennymi). Pokrój również łososia na małe kawałki. Następnie wszystko dokładnie wymieszaj – łącznie z krewetkami i imbirem – ze schłodzonym ryżem.
4. Wyciśnij limonki. Wymieszaj wasabi, sok z limonki, sos sojowy i słodki sos chili oraz pozostały cukier i wymieszaj ten dressing z sałatką. Schłodź ponownie i pozwól mu się stroić.
5. Nie przechowuj sałaty przez dłuższy czas, ponieważ zawiera surowy łosoś.

33. SUSHI

Składniki na 5 Porcji

- 250 g ryżu (ryż kleisty, ryż do sushi)
- 4 arkusze nori
- 1 marchewka (s), pokrojona w cienkie paski
- 1 awokado (a), pokrojone w cienkie paski
- 1 punkt surimi
- Ryby świeże (np. tuńczyk, łosoś)
- Pasta wasabi
- marynowany imbir
- ½ łyżeczki cukru
- 2 Ocet (ocet ryżowy)
- sos sojowy

Przygotowanie

1. Dobrze umyj lepki ryż (ryż do sushi), aż woda będzie czysta. Potem gotuj jak zwykle (Preparat na opakowaniu). Włóż około pół łyżeczki cukru do dwóch łyżek octu i podgrzej. Powoli wmieszaj ciepły ocet do jeszcze ciepłego, ale w pełni ugotowanego ryżu. Im szybciej ryż ostygnie, tym lepiej będzie się później sklejał.
2. W przypadku Makisushi połóż arkusz nori na bambusowej macie i cienko rozprowadź na nim lepki ryż, tak aby około 3/4 arkusza pokryło się ryżem. Umieść cienki pasek marchewki i awokado na środku. Następnie dodaj surimi lub wybraną rybę. Wszystko zwinąć i przeciąć kilka razy na krzyż.
3. Na nigirisushi zrób małe stosy ryżu i ułóż rybę na wierzchu jako mały filet. Jeśli chcesz, możesz również związać go cienkimi paskami nori.
4. Włóż do lodówki, aż będzie gotowy do podania. Podawać z sosem sojowym, marynowanym

imbirem i pastą wasabi (uwaga, wasabi jest bardzo ostre - weź tylko trochę!).
5. Herbata jaśminowa i krakersy z krewetkami są koniecznością na prawdziwy azjatycki wieczór.

34. MISKA SUSHI ELA

Składniki na 4 porcje

- 500 g ryżu do sushi
- 50 ml wina ryżowego
- 4. Awokado (a)
- 1 ogórek
- 1 puszka / n Marynowany imbir, ok. 100 gramów
- 250 g Łosoś, wędzony lub gotowany
- 150 g ugotowanych krewetek

- 4. arkusze Nori
- garść sezamu
- majonez
- sos sriracha

Przygotowanie

1. Ryż sushi zgodnie z Przygotowaniem na opakowaniu ugotować z wodą i winem ryżowym, następnie ostudzić i schłodzić.
2. Pokrój awokado, ogórek, łososia, krewetki, imbir i liście nori na małe kawałki.
3. Przed podaniem skrop ryż sosem sojowym i udekoruj przygotowanymi składnikami.
4. Wymieszaj nowy sos z majonezu i sosu sriracha i posyp nim wszystkie składniki. Posyp sezamem.

35. RYŻ DO SUSHI

Składniki na 1 Porcję

- 350 g ryżu (azjatycki lepki ryż do sushi)
- 675 ml wody
- 100 ml octu, (łagodny ocet ryżowy)
- 1 łyżka cukru
- 1 łyżeczka soli

Przygotowanie

1. Ryż umyj na sicie, aż bieżąca woda będzie czysta, a następnie dobrze odcedź i wlej wodę do bardzo dużego rondla. Przykryj i odstaw na pół godziny bez dodawania ciepła.
2. Zagotuj ryż i wodę na dużym ogniu, gdy tylko woda się zagotuje, zawróć i pozwól ryżowi

pęcznieć na najniższym ustawieniu przez 15-20 minut. Następnie zdejmij garnek z pola grzewczego, umieść kilka arkuszy ręcznika kuchennego między garnkiem a pokrywką i pozwól mu moczyć się przez kolejne 10 minut.
3. W rondelku podgrzej razem ocet, sól i cukier, aż wszystko się rozpuści.
4. Włóż ryż do dużej miski i skrop mieszanką octu, mieszając ruchami tnącymi (najlepiej drewnianą łyżką), aż cała mieszanka octu zostanie zmieszana, a ryż trochę ostygnie (normalne mieszanie spowodowałoby przedwczesne sklejenie ryżu - więc nie ugniataj !!!).
5. Ryż jest teraz gotowy do dalszego przetwarzania.

36. RYŻ SUSHI

Składniki na 1 Porcję

- 250 g Ryżu (ryż do sushi)
- 375 ml wody
- 3 łyżki Ocet ryżowy
- 1 łyżka Mirin
- 1 łyżeczka soli
- 2 łyżeczki cukru trzcinowego

Przygotowanie

1. Umyj ryż, aż ścieki będą czyste. Zagotuj ryż w 375 ml wody, przykryj i odstaw na 15 minut na najniższym ustawieniu. Zdejmij z ognia i pozwól moczyć się przez kolejne 15 minut.
2. Wymieszaj ocet ryżowy, mirin, sól i cukier trzcinowy w rondlu na średnim ogniu, aż

wszystkie składniki się rozpuszczą, a następnie ostudź.
3. Rozprowadź płyn na ryżu, przykryj wilgotną ściereczką i wstaw do lodówki. Gdy ryż ostygnie, można go dalej przerabiać na sushi.

37. KISZONY IMBIR (GARI)

Składniki na 1 Porcję

- 1 szczypta soli
- 100 g imbiru, świeższy
- 75 ml octu ryżowego
- 10 g cukru lub w razie potrzeby
- Woda, wrząca

Przygotowanie

1. Imbir obrać, pokroić w cienkie jak wafel paseczki i blanszować przez ok. 2 godz. 2 minuty we wrzącej wodzie. Im dłużej imbir jest gotowany, tym bardziej traci ciepło.
2. Wymieszaj cukier, ocet ryżowy i sól w misce, aż cukier i sól się rozpuszczą. Napełnij imbir

płynem w pojemniku, szczelnie zamknij i pozostaw w lodówce na 1 tydzień.
3. Imbir jest gotowy do spożycia, gdy zmienia kolor na łososiowy. Imbir jest gorący i nie słodki, ale można go dostosować do własnego gustu, dodając cukier i/lub czas gotowania.

38. CIENKIE BUŁKI SUSHI

Składniki na 1 Porcję

- 500 g Ryż, gotowe sushi
- 1 puszka pasty Wasabi
- Arkusze Nori 1 punkt

Do nadzienia:

- 1 ogórek
- 2 Marchewki
- 200 g Filety z łososia, bez skóry
- 200 g Filet rybny (filety), (filet z tuńczyka)
- 1 rzodkiewka (y), japońska, marynowana
- 1 awokado (y)
- 2 łyżkiOcet ryżowy
- 250 ml wody
- sos sojowy

- marynowany imbir

Przygotowanie

1. W zależności od upodobań wybierz nadzienie i pokrój warzywa na 1 cm patyczki, a rybę na kawałki grubości ołówka.
2. W małej misce wymieszaj ocet ryżowy i wodę.
3. Połóż bambusową matę na powierzchni roboczej. Złóż arkusz nori na pół i rozłóż na części. Połóż błyszczącą, gładką stronę liścia nori do połowy na bambusowej macie.
4. Zanurz ręce w wodzie z octem, aby ryż nie przywierał do niej. Weź garść ryżu i uformuj wydłużony blok.
5. Umieść ryż na środku arkusza nori i równomiernie rozprowadź na nim opuszkami palców. U góry zostaw pasek o szerokości 1 cm.
6. Posmaruj ryż w środku odrobiną pasty wasabi, nie przesadzaj, smak wasabi nie powinien maskować smaku składników.
7. Umieść pasek ryby lub warzyw na wierzchu ryżu pokrytego wasabi. Podnieś przedni koniec maty bambusowej i powoli zacznij ją zwijać.

8. Zwiń go tak, aby koniec arkusza nori stykał się z krawędzią ryżu. Zastosuj lekki nacisk, aby uformować rolkę.
9. Teraz wygląda tylko darmowy pasek nori. Ostrożnie uformuj bułkę obiema rękami. Odłóż rolkę sushi i uformuj pozostałe rolki.
10. Zanurz ręcznik papierowy w wodzie z octem i wytrzyj ostry nóż wilgotną szmatką. Przekrój bułki na pół nożem.
11. Po każdym cięciu ponownie zwilż ostrze ściereczką. Ułóż obie połówki rulonu jedna za drugą i dwukrotnie przetnij tak, aby uzyskać 6 kawałków jednakowej wielkości. Ułóż na talerzu i podawaj z sosem sojowym i marynowanym imbirem.

39. DIP SUSHI - SOS SUSHI

Składniki na 1 Porcję

- 3 łyżki sosu sojowego, ciemnego
- 3 łyżkiOcet (ocet do sushi)
- 4 łyżki wody
- 1 łyżka cukru
- 1 szczypta soli
- 5 kropli oleju (olej sezamowy)
- Czerwone papryki)

Przygotowanie

1. Z wyjątkiem papryki, wszystkie pozostałe składniki włóż do wysokiego pojemnika i wymieszaj. Paprykę oczyścić, pokroić w bardzo drobną kostkę i dodać. Ponownie zamieszaj i pozostaw na kilka godzin, aż zostanie zjedzony.

40. SUSHI Z TOFU

Składniki na 50 Porcji

- 300 g tofu
- 200 g Tofu, przyprawione
- 200 g Ryż (arborio)
- 100 g pędy bambusa, inkrustowane
- 400 ml wody
- 200 ml octu ryżowego
- 10-częściowe arkusze Nori

- 4 łyżki sosu sojowego
- 4 łyżki oleju słonecznikowego

Przygotowanie

1. Tofu pokroić w podłużne plastry i podsmażyć na patelni z oliwą i sosem sojowym. Niech ostygnie. Następnie krótko podgrzej doprawione tofu na tej samej patelni.
2. Ryż gotuj na wolnym ogniu w wodzie, aż woda się wchłonie (ok. 15 min.).
3. Rozłóż ryż na wierzchu wodorostów tak, aby około 3/4 liścia było pokryte. Włóż tofu i pędy bambusa. Zwiń arkusze wodorostów za pomocą maty lub ręcznika kuchennego. Ostatnią ćwiartkę posmaruj octem ryżowym i mocno sklej roladę.
4. Pokrój każdą rolkę na 5 kawałków.

41. INARI - SUSHI

Składniki na 4 porcje

- 220 g Ryż, sushi
- 500 ml wody
- 2 łyżki sezamu, japońskiego, białego
- 2 łyżkiOcet ryżowy
- 1 łyżka cukru
- 1 łyżka Mirin
- 1 łyżeczka soli
- 12. Torebki Tofu (torby Inari) *

Przygotowanie

1. Ryż umyć na sicie pod bieżącą wodą, dobrze odcedzić. Zagotuj wodę i ryż. Zmniejsz ogień i gotuj na wolnym ogniu bez pokrywki przez 4-5 minut, aż woda wchłonie. Załóż pokrywkę i

odstaw na kolejne 4-5 minut na małym ogniu, następnie zdejmij kuchenkę i pozwól jej pęcznieć w zamkniętym garnku przez 10 minut.
2. Upiecz nasiona sezamu na suchej patelni przez 3-4 minuty na złoty kolor i delikatnie wymieszaj; następnie wyjmij go natychmiast.
3. Wymieszaj ocet, cukier, mirin i sól i dodaj do ryżu. Mieszaj drewnianą łyżką, aż ryż ostygnie.
4. Ostrożnie odłącz od siebie kieszenie Inari i otwórz je. Napełnij każdą 1 łyżką ryżu. Posyp ryż prażonymi ziarnami sezamu, a następnie ściśnij torebkę, aby ją zamknąć. Ułóż na półmisku i podawaj.

42. SUSHI NISKIEJ WĘGLOWODANÓW

Składnik na 3 porcje

- 700 g kalafiora,
- 150 ml zimnej wody
- 1 g gumy guar
- 2 łyżki octu ryżowego
- Słodzik do wyboru (np. 1 łyżka Sukrin)
- Sól
- 5 arkuszy nori

Do nadzienia:

- Krewetki i/lub awokado, łosoś, ogórek
- Pasta wasabi

Przygotowanie

1. Kalafior umyć i pokroić na kawałki, zetrzeć w robocie kuchennym i gotować z około $\frac{1}{4}$ l wody przez 5-10 minut. Odcedź przez czystą ściereczkę i wyciśnij. Wymieszaj 1 g gumy guar z 150 ml zimnej wody. Włóż kalafiora z powrotem do garnka lub miski i dobrze wymieszaj z mieszanką Sukrin, octu ryżowego, soli i wody guar, aż powstanie gęsta pasta.
2. Połóż liście nori na macie do sushi, posmaruj kalafiorową owsianką o grubości około $\frac{1}{2}$ cm, a następnie ułóż z. B. Krewetki, awokado, łosoś i ogórek posmarować odrobiną pasty wasabi, a następnie zwinąć, dobrze docisnąć, odstawić, a następnie pokroić na kawałki wilgotnym, ostrym nożem.
3. Podawać z sosem sojowym i pastą wasabi.

43. KULKI SUSHI

Składniki na 1 Porcję

- 1 Port.Ryż, gotowe sushi
- Pasta wasabi
- 200 g Łosoś wędzony, pokrojony na kawałki wielkości znaczka pocztowego
- 50 g ikry muchówki
- 1 Ogórek kiszony, pokrojony w cienkie plasterki
- 100 g Rostbef pokrojony w cienkie plasterki wielkości znaczka pocztowego
- 100 g tuńczyka pokrojonego na kawałki wielkości przesyłki
- 1 Rzodkiewka (ki), japońska, marynowana, pokrojona na kawałki wielkości znaczków pocztowych

Przygotowanie

1. Zmniejsz o połowę ilość ryżu. Rozłóż na blacie kawałek folii spożywczej o wymiarach około 10x10 cm i połóż na środku kawałek wędzonego łososia. Rozłóż trochę wasabi na łososiu. Uformuj 1 łyżkę ryżu sushi w luźną kulkę i ułóż na wierzchu.
2. Podnieś i przekręć wszystkie 4 rogi folii spożywczej, aby skompresować rybę i ryż w twardą kulkę. Zrób to samo z plastrami ogórka.
3. W przypadku kuleczek krewetkowych umieść krewetki na środku folii spożywczej i włóż trochę ikry latającej ryby na zakręcie. Z kolejnej łyżki ryżu uformować luźną kulkę, ułożyć na krewetce i za pomocą folii uformować zwartą kulkę.
4. Gotowe kulki można przechowywać w folii spożywczej tuż przed podaniem.
5. Ułóż na talerzu i podawaj z sosem sojowym i marynowanym imbirem.

44. SŁODKIE SUSHI

Składniki na 2 Porcje

- 1 marchewka (y)
- 2 jabłka
- 250 g Truskawek
- 100 g drobno zmielonych pistacji
- 1 Mango
- 1 Stange/n Start
- 250 g Ryż do sushi
- 1 litr mleka
- 100 g Zucker
- 1 laska wanilii
- 1 Pomarańcza (s), jej starta skórka
- 1 cytryna (s), starta z niej skórka
- 4 arkusze Nori
- 250 ml syropu klonowego

- 20 g świeżej śmietany
- 40g Zucker
- Imbir, kandyzowany, do dekoracji

Przygotowanie

1. Najpierw zagotuj ryż z mlekiem, laską wanilii, cukrem, skórką pomarańczową i skórką cytryny. Przykryj i odstaw na skraj paleniska do namoczenia na około ½ godziny. Rozłóż płasko na dużej blasze do pieczenia, aby ostudzić i schłodzić.
2. Teraz przygotuj różne bułki w następujący sposób:
3. Maki z marchewką i jabłkiem (2 bułki)
4. Marchew obrać, zetrzeć na drobno, dodać lekko cukier i skropić odrobiną soku z cytryny. Jabłka obrać, pokroić w prostokątne słupki tej samej wielkości i lekko zakwasić sokiem z cytryny. Przykryj ryżem bambusową matę, na wierzch połóż arkusz nori i lekko dociśnij.
5. Rozłóż ryż na liściu alg i ułóż pałeczki jabłka 2 cm od dolnej krawędzi, równolegle do krawędzi. Zwiń mocno rolkę sushi,

rozluźniając ryż z maty. Następnie wrzuć tarniki marchewkowe.
6. Maki z truskawkami i pistacjami (2 bułki)
7. Jak opisano powyżej, używaj tylko truskawek zamiast jabłek i 100 g pistacji zamiast marchwi.

8. Nigiri z mango i słodkim porem (8 sztuk)
9. Wytnij 8 krzywek ryżowych i uformuj ręcznie. Mango obrać i pokroić na jak największe kawałki. Pokrój 8 plastrów na rozmiar krzywek ryżowych i umieść je na krzywkach ryżowych. Umyj 2 duże liście pora, krótko oparz je w bardzo słodkiej wrzącej wodzie i opłucz w lodowatej wodzie. Wytnij cienkie zielone paski i zawiń nimi sushi.

Krem pistacjowy:

1. zmiksuj w blenderze pistacje, crème fraiche i cukier.
2. Ułóż rolki sushi na talerzach i udekoruj kandyzowanym imbirem. Podawać z syropem klonowym i kremem pistacjowym.

45. SUSHI Z RÓŻNICĄ - SŁODKO JAK DESER

Składniki na 6 Porcji

- 200 g puddingu ryżowego
- 1 litr mleka
- 1 gniazdo (s) soli
- CUKIER
- 1 laska wanilii
- 100 g wiórków kokosowych
- 1 mango (s), dojrzałe
- 200 g truskawek
- 8 kiwi (ów)
- Owoce do dekoracji

Przygotowanie

1. Najpierw przygotuj pudding ryżowy zgodnie z Przygotowaniem na opakowaniu z cukrem, solą, mlekiem i zeskrobaną miazgą waniliową; powinien być lepki i niezbyt twardy. Gdy pudding ryżowy się gotuje, usmaż wiórki kokosowe na średnim ogniu na średnim ogniu bez tłuszczu, aż będzie pachnące i złocistobrązowe.
2. Następnie myjesz i kroisz owoce. Truskawki kroi się w cienkie plasterki. 6 kiwi i trzy czwarte mango również kroi się w cienkie plasterki. Ryżowe krzywki puddingu zostaną później pokryte tym owocem.
3. Pozostałe mango i pozostałe owoce kiwi są cięte wzdłużnie, tak aby powstały grube paski, które są jak najdłuższe. Są one później używane do napełniania rolek sushi.
4. Pudding ryżowy najlepiej układać, gdy jest jeszcze ciepły, więc pozwól mu ostygnąć tylko przez chwilę, aż będzie łatwy w dotyku. Najpierw pokrywamy matę do sushi (działa bez niej, ale wtedy jest trochę trudniejsza) folią spożywczą i grubo posypujemy prażonymi płatkami kokosowymi w kształcie prostokąta.

Szerokość około 10 cm, długość dowolna i długość maty do sushi. Ostrożnie rozprowadź na nim pudding ryżowy za pomocą noża. Paski kiwi i mango są teraz umieszczane na środku puddingu ryżowego, a następnie rolka jest starannie zwijana za pomocą maty i folii spożywczej. Powinieneś wszystko dobrze docisnąć. Zrób w ten sposób 2 bułki. Teraz odstaw bułki do lodówki i pozwól im się zastygnąć.

5. Z reszty ryżu uformować knedle za pomocą dwóch łyżek stołowych i ułożyć na półmisku. Przykryj krzywki plasterkami truskawek, kiwi i mango.
6. Wyjmij rolki sushi z lodówki i ostrożnie pokrój je w plastry ostrym nożem i ułóż również na półmiskach 7. Teraz możesz udekorować większą ilością owoców.

Pęcherzyca, persymony czy ananasy są idealne.
8. Do słodkiego sushi podaję domowy syrop czekoladowy, bardzo dobrze smakuje i przypomina sos sojowy.
9. Ten deser naprawdę przyciąga wzrok i bardzo dobrze smakuje. Na początku toczenie jest

nieco trudne, potrzebujesz trochę cierpliwości, ale wynik jest tego wart.

46. SUSHI

Składniki na 2 Porcje

- 1 szklanka / n ryżu (ryż do sushi)
- Chrzan (wasabi)
- Arkusze Nori
- 2 marchewki
- 100 g mięsa z raków
- 100 g krewetek
- Łosoś marynowany
- sos sojowy
- marynowany imbir
- 2 cebula dymka (y)

Przygotowanie

1. Zanim zrobiłam sushi po raz pierwszy, myślałam, że będzie to bardzo trudne. Ale to nie jest. Więc odważ się to zrobić.
2. Wszystkie składniki są dostępne w sklepie Asia i kosztują około 15 euro. Ale składniki wystarczą na kilka wieczorów sushi.
3. Przygotowanie: Ryż sushi włożyć do wody na około 15 minut, a następnie zagotować. Jedna filiżanka ryżu wymaga około 1,5 szklanki wody. Precyzyjne przygotowanie znajdują się również na opakowaniu ryżu.
4. Krewetki można teraz przygotować za pomocą parowaru i krótkiego parzenia. Marchewki obrać i pokroić w cienkie paski. Podobnie cebula dymka.
5. Teraz połóż jeden z płatów nori na ręczniku kuchennym i nałóż ryż, który w międzyczasie ostygł, 1 cm od krawędzi. Nie za gruba, ale równomiernie przykryj arkusz. Teraz rozłóż trochę wasabi na wierzchu. Ostrożność! Te rzeczy są ostre. Następnie rozprowadź krewetki mniej więcej pośrodku i równolegle

do dolnej krawędzi arkusza nori. W razie potrzeby dodaj również paski dymki i marchewki na środku.

6. Zwilż odsłoniętą krawędź i owinąć rolkę ręcznikiem kuchennym. Naciśnij mocno ... Gotowe! .... Bułkę wkładamy do lodówki i kroimy w plastry tuż przed podaniem.
7. Do tego podawana jest miska sosu sojowego i marynowany imbir.
8. Zrób to samo z mięsem kraba i łososiem.
9. Życzę dużo zabawy z preparatem i jeszcze więcej radości i radości z konsumpcji.

47. NIGIRI - SUSHI Z KREWETKAMI

Składniki na 4 porcje

- Ryż (ryż do sushi), przepis na moim profilu, połowa tego
- 8 krewetek (s) - ogony, surowe, nieobrane
- 2 TL chrzanu (proszek wasabi) i 4 łyżki wody
- 2 Ocet (ocet ryżowy)
- 2 TL Wino Ryżowe (Mirin)
- Sól
- sos sojowy
- Marynowany imbir

Przygotowanie

1. Krewetki umyć i gotować we wrzącej osolonej wodzie na małym ogniu przez 4-5 minut. Wyjmij i schłódź w lodowatej wodzie.
2. Wymieszaj proszek wasabi z 2–4 łyżkami wody i pozwól mu spęcznieć. Wyjmij krewetki z muszli, z wyjątkiem ogona. Usuń ciemne jelito z tyłu. Rozcięty od strony brzucha, ale nie do końca. Powinny być połączone ok. 1 cm z obu stron.
3. Wymieszaj ocet ryżowy i wino ryżowe na głębokim talerzu, obróć w nim krewetki i odstaw na 2 minuty. Wyjmij, lekko przetrzyj i zegnij dwie połówki w pierścień. Pokryj wnętrze cienką warstwą pasty wasabi.
4. Zwilżonymi dłońmi uformuj z 1 łyżki ryżu sushi wydłużony knedel i lekko spłaszcz wierzch. Połóż krewetki na poduszce ryżowej i delikatnie dociśnij. Wyciśnij sushi z krewetkami.
5. Podawać z sosem sojowym, pozostałą pastą wasabi do maczania i marynowanym imbirem.

48. GARI - KISZONY IMBIR

Składniki na 10 Porcji

- 250 g korzeń imbiru, świeży
- Sól
- 100 ml octu ryżowego (alternatywnie octu śliwkowego)
- 5 łyżeczek cukru (10 do 30 g)
- 2 łyżki Mirin (słodkie wino ryżowe), nieobowiązkowe
- 2 łyżki Sake (wino ryżowe), nieobowiązkowe, substytut: wytrawne sherry

Przygotowanie

1. Umyj korzenie imbiru i ostrożnie zetrzyj skórkę ściereczką. Ścieranie można również bardzo dobrze wykonać za pomocą łyżeczki. Pokrój lub pokrój korzenie tak cienko, jak to możliwe w poprzek ziarna. Posolić plastry i odstawić na około godzinę (nawet dzień lub dłużej), a następnie osuszyć. Plastry sparzyć w wodzie (1-3 min), to zabierze część ciepła.
2. Następnie odsącz plastry i ułóż je luźno w czystych słoikach z zakrętką. W jeszcze ciepłym rondlu zagotować ocet ryżowy z cukrem, rozpuszczając cukier. Następnie wlej gorącą marynatę na plasterki imbiru, zamknij słoiki i odwróć je do ostygnięcia.
3. Niech się zaparzy przynajmniej przez noc, raczej dłużej.
4. W ciągu tygodnia imbir zmieni kolor na lekko różowy. To dowód na jakość dobrego octu ryżowego. Świeżość imbiru pozytywnie wpływa również na zmianę koloru. Różowy kolor staje się intensywniejszy w miarę dojrzewania. E124 (barwnik spożywczy czerwień koszenilowa A) lub sok z buraków są często dodawane przemysłowo. Wtedy róż staje się bardziej intensywny niż przy samodzielnym

przebarwieniu, co jednak bardziej mi się podoba.
5. Gari należy spożywać między różnymi rodzajami sushi, aby zneutralizować smak.
6. Jak widać, istnieje wiele odmian przepisów na gari. Przede wszystkim ilość cukru i soli można zmieniać według własnego gustu. A mirin i sake nie są w żadnym wypadku obowiązkowe.

49. NIGIRI SUSHI

Składniki na 1 Porcję

- 1 port. Ryż, gotowe sushi
- Pasta wasabi

- 200 g Łososia pokrojonego w cienkie paski
- 200 g tuńczyka pokrojonego w cienkie paski
- 1 Makrela (y), pokrojona w cienkie paski
- 1 rzodkiewka (y), japońska, marynowana
- Ocet ryżowy
- woda
- sos sojowy
- marynowany imbir

Przygotowanie

1. Wymieszaj ocet i wodę w małej misce i zanurz w niej ręce, aby ryż nie przywierał do nich.
2. Rozwałkuj w dłoniach porcję ryżu wielkości jajka tak, aby uformowała się w owal. Umieść na blacie i zrób kilka takich kulek ryżowych. Umieść polewy przed kulkami ryżowymi i posmaruj każdą kulkę ryżową odrobiną pasty wasabi.
3. Nałóż polewę na owale ryżowe i delikatnie dociśnij.
4. Ułóż na talerzu i podawaj z sosem sojowym i marynowanym imbirem.

50. ROLOWANE SUSHI (MAKIZUSHI)

Składniki na 4 porcje

- 3 szklanki / n Ryż krótkoziarnisty
- 0,33 szklanki / n Ocet ryżowy
- 3 łyżki cukru
- 1 łyżeczka soli pomalowanej
- 8 grzybów shiitake, suszonych, do nadzienia ▢ 0,33 szklanki/n wody (woda do moczenia shitake)
- 0,67 szklanki/n Dashi (1 szczypta błyskawicznego bulionu rybnego rozpuszczonego w 0,66 szklanki wody)
- 1 ½ łyżki cukru

- ½ łyżki sake (japońskie wino ryżowe) lub białego wina
- 1 łyżka sosu sojowego
- 3 jajka)
- 1 łyżeczka cukru
- 1 łyżka sake (japońskie wino ryżowe) lub białe wino
- 1 szczypta soli
- Olej do smażenia
- 100 g Liści Szpinaku
- 4. liście Nori (liście wodorostów)
- Sos sojowy do maczania

Przygotowanie

1. Zagotuj ryż i umieść w misce (najlepiej w nieprzetworzonej drewnianej misce, która może wchłonąć nadmiar wody).
2. Gdy ryż się gotuje, mieszaj dressing z octu (ocet, cukier, sól), aż cukier się rozpuści. Najlepiej krótko go podgrzać.
3. Polej ryż dressingiem octowym i dobrze wymieszaj drewnianą łyżką. Następnie pozwól mu ostygnąć.
4. Namocz grzyby shiitake w misce z letnią wodą przez około 20 minut. Odcedź wodę z moczenia i zachowaj. Pieczarki pokroić w paski o szerokości 7-8 mm.

5. W małym rondelku ugotuj pieczarki razem ze składnikami wodą i sosem sojowym i gotuj na małym ogniu, aż nadmiar płynu wyparuje.
6. Ubij 3 jajka, ubij razem ze składnikami od cukru do soli i przecedź przez sitko do herbaty. Na patelni rozgrzać trochę oleju i z całego (!) ciasta upiec gruby naleśnik. Ostudzić i pokroić w paski ok. 2 godz. 1 cm długości.
7. Liście szpinaku sparzyć, opłukać w zimnej wodzie i dobrze wykręcić (!).
8. Połóż nori gładką stroną do dołu na bambusowej macie. Mokrymi rękoma rozprowadź równomiernie około jednej czwartej ryżu do sushi. Zostaw około. Z przodu 1 cm arkusza nori.
9. Rozłóż ćwiartkę szpinaku, paski lodów i pieczarki na środku arkusza nori.
10. Z maty bambusowej uformuj solidną rolkę. Następnie dociśnij go palcami i uformuj.
11. Zrób to samo z pozostałymi składnikami. Pokrój każdy z 4 rolek sushi na około 8 plastrów.
12. Zanurz w sosie sojowym przed spożyciem.

51. OGÓREK - SUSHI

Składniki na 2 Porcje

- 1 ogórek (jeden tak prosty, jak to możliwe)
- 75 g Ryżu (sushi lub pudding ryżowy)
- 2 Ocet (ocet ryżowy)
- ½ TL soli
- n. B. Pasta Wasabi lub chrzan
- 100 g Łosoś wędzony
- 15 g kawioru
- rzeżucha
- Zucker
- 200 ml wody, solonej

Przygotowanie

1. Ryż myj raz za razem zimną wodą, aż woda będzie w dużej mierze czysta. Następnie doprowadzić do wrzenia w 150 ml - 200 ml osolonej wody, następnie gotować na małym ogniu z zamkniętą pokrywką przez około 10-15 minut.
2. Ciepły ryż dopraw octem ryżowym, solą i cukrem i ostudź. Aby uzyskać ciepłe sushi, użyj ryżu natychmiast, nie pozwalając mu ostygnąć.
3. Ogórek umyć i obrać. Połówki wzdłuż i zeskrobać rdzeń łyżeczką. Posmaruj wnętrze ogórka pastą wasabi lub chrzanem, a następnie dodaj ryż do połówek ogórka. Pokrój wszystko w romby wielkości około 2-3 cm. Na każdą część połóż trochę wędzonego łososia lub szczyptę kawioru i podawaj z rzeżuchą.
4. Przygotuj sos sojowy i dodatkową pastę wasabi lub chrzan do maczania.
5. Bardzo nadaje się jako lekki lunch, przystawka lub przekąska na imprezę.

52. OSHI-SUSHI

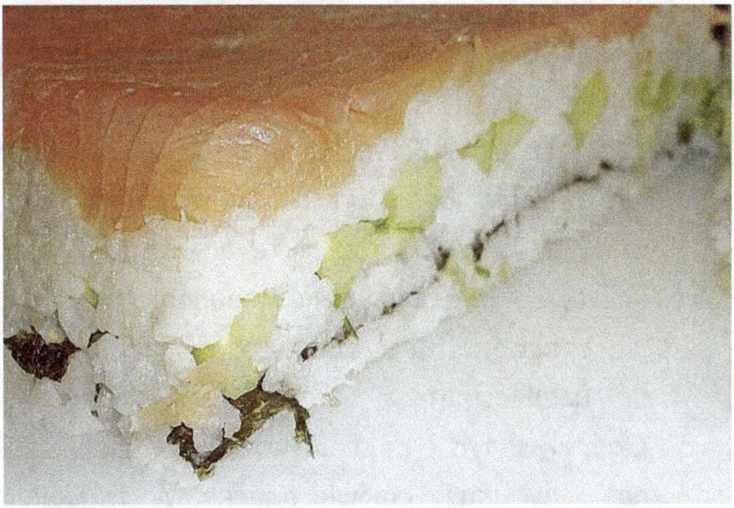

składniki na 8 porcji

- 400 g Ryż (ryż do sushi), gotowy (patrz podstawowy przepis)
- $\frac{1}{4}$ Ogórek sałatkowy (ogórki), pokrojone wzdłuż
- 8 bezgłowych krewetek królewskich ze skorupą
- 4 Sprawiedliwość
- 1 TL pasty wasabi
- Sól

Przygotowanie

1. Wyłóż blachę do pieczenia w pudełku folią spożywczą.
2. Krewetki umyć i osuszyć, przymocować wzdłuż igłą do rolad. Zagotuj w rondlu trochę osolonej wody z sake. Wyłącz płytę grzejną i pozwól krewetkom namoczyć się w bulionie, aż staną się czerwone. Krewetki obrać i przekroić na pół, usunąć jelita.
3. Ogórek umyć i pokroić wzdłuż na pół. Usuń nasiona i osusz połówki ogórka. Wytnij ok. 5 pasków. 0,5 cm szerokości, które są tak długie jak kształt. Posyp ogórek odrobiną soli morskiej, pozostaw na około 30 minut i ponownie osusz.
4. Rozprowadź trochę pasty wasabi na białym wnętrzu krewetek i ułóż je obok siebie na dnie naczynia tak, aby czerwona skórka przylegała do folii spożywczej, przykryj połową ryżu sushi. Na ryż ułożyć paski ogórka, lekko docisnąć i przykryć pozostałym ryżem. Owiń ryż folią spożywczą tak, aby wszystko było przykryte. Przykryć drugą formą, pokrywką lub czymś podobnym, delikatnie docisnąć i równomiernie dociążyć obciążnikiem tak, aby sushi Oshi było równomiernie sprasowane.

5. Po 30-40 minutach wyjmij sushi Oshi z formy na deskę. Ostrożnie zdejmij folię spożywczą i pokrój ostrym nożem sushi Oshi na 8 części.
6. Przepis jest szczególnie odpowiedni dla przyjaciół sushi, którzy nie ufają zdolnościom manualnym „tradycyjnej" metody przygotowania.

53. KALIFORNIJSKA ROLKA Z ŁOSOSIA

składniki na 4 porcje

- 300 g ryżu (ryż do sushi)
- 60 ml podróży

- 2 cukry
- 1 łyżeczka soli
- 4 Wino śliwkowe
- 2 arkusze nori ⬜ ½ ogórka
- ½ awokado (ów)
- 8-częściowy (s) surimi
- 300 g Łosoś wędzony lub bardzo świeży Łosoś norweski
- 4 Kawior, (kawior z pstrąga)
- 4 Majonez (najlepiej domowej roboty)
- 2 sos sojowy
- 4 Pietruszka, drobno posiekana
- pieprz cayenne
- Pasta wasabi

Przygotowanie

1. Ryż sushi dokładnie opłukać zimną wodą na sicie i odczekać około 30 minut. Ryż zagotować w rondelku z 450 ml zimnej wody i soli na średnim ogniu, gotować bez przykrycia przez około 1 minutę i pozostawić na małym ogniu przez około 15 minut.
2. Wymieszaj ocet ryżowy z cukrem, solą i winem śliwkowym i wymieszaj z ciepłym ryżem za pomocą szpatułki. W ten sposób przesuwaj szpatułkę na przemian wzdłuż i w poprzek ryżu, aby ryż był pocięty, a nie mieszany

(dzięki temu jest bardziej ziarnisty). Niech ryż ostygnie.
3. Przekrój liście nori wzdłuż na pół, podziel ryż między cztery liście i delikatnie posmaruj wasabi. Pokrój ogórek i awokado w paski i ułóż na wierzchu, ułóż mięso kraba na wierzchu i zwiń liście za pomocą maty bambusowej.
4. Łososia pokroić w cienkie plasterki i przykryć nim bułkę, uformować matą do sushi. Dopraw łososia pieprzem cayenne. Zawiń bułki w folię spożywczą i wstaw do lodówki na około 1 godzinę.
5. Następnie ostrym nożem kroimy na kawałki, które zanurzamy w zimnej wodzie.
6. Wymieszaj majonez z sosem sojowym, pietruszką i kawiorem i podawaj jako dip.

54. SUSHI Z MALINAMI W PASIE Z ORZECHÓW

składniki na 1 porcję

- 250 g Reisa (Sushirei)
- 100 ml mleka
- 250 ml wody
- 4 łyżeczki miodów
- 100 g orzeszków ziemnych, niesolonych, drobno posiekanych
- 100 g malin
- Cukier puder do posypania
- Kompot do wyboru

Przygotowanie

1. Ryż umyć zimną wodą. Następnie włóż do rondla z mlekiem i wodą na około

20 minut i doprowadzić do wrzenia. Następnie przykryj i odstaw na około 15 minut.
2. Ryż posłodzić miodem i podzielić na 2 porcje. Przykryj matę do sushi folią spożywczą. Posyp około 2/3 powierzchni połową posiekanych orzeszków ziemnych. Rozłóż na nim porcję ryżu grubą jak palec, mocno dociśnij i zrób zagłębienie w połowie długości. Wrzuć do niego połowę malin. Użyj maty, aby zwinąć ryż w twardą bułkę.
3. Z pozostałego ryżu, orzeszków ziemnych i malin przygotuj drugą bułkę. Rolki owinięte folią spożywczą schłodzić przez ok. 2 godz. 2 godziny.
4. Każdą bułkę pokrój na 6 kawałków (najlepiej jeśli zostawisz ryż w folii spożywczej, w przeciwnym razie łatwo się rozpadnie - folię spożywczą należy zdjąć dopiero później).
5. Posyp cukrem pudrem i podawaj z kompotem.

55. CHRUPIĄCE DUŻE BUŁKI

składniki na 2 porcje

- 1 Łosoś, surowy
- 2 Marchewki
- 1 ogórek
- 1 Awokado(a)
- trochę Filadelfii
- 4 arkusze Nori
- Ryż (ryż do sushi)
- 1 białko
- trochę Basketmehl
- Tłuszcz na patelnię

Przygotowanie

1. Ryż do sushi ugotuj jak zwykle (w razie potrzeby weź przepis z bazy danych).

Marchewki obrać i pokroić wzdłuż na ćwiartki. Pokrój ogórka w paski o szerokości 1 - 1 1/2 cm. Na patelni krótko podsmaż paski marchewki i ogórka w niewielkiej ilości wody, cukru i soli, a następnie ostudź. Łososia pokroić wzdłuż na paski, tak jak awokado.

2. Teraz przykryj arkusz nori ryżem sushi. Składniki na nadzienie umieścić w jednej trzeciej części i rozsmarować trochę serka śmietankowego wzdłuż (najlepiej wzdłuż łososia). Teraz pokryj jeszcze nie pokrojoną roladę sushi odrobiną ubitego białka jaja i rozwałkuj w bułce tartej. Natychmiast podsmażyć na rozgrzanej patelni z odrobiną (!) tłuszczu (nie za długo, żeby ryba się nie ugotowała, naprawdę idzie bardzo szybko)

3. Wytrzyj na ręczniku papierowym i pokrój w plasterki. Szczególnie dobrze smakuje z sosem sojowym, marynowanym imbirem i tajskim sosem chili! Przepis można również uzupełnić surimi i kiszoną kapustą musztardową.

56. SUSHI Z POMIDOREM I MOZZARELLĄ

składniki na 1 porcję

- 1 arkusz Nori
- 1 Port.Rice (ryż do sushi), gotowy, przepisy w bazie danych
- 1 kulka Mozzarelli
- 2 Pomidor (n)
- bazylia

Przygotowanie

1. Przekrój arkusz nori wzdłuż na pół. Połowę połóż na macie bambusowej i przykryj ryżem. Pokrój mozzarellę na małe patyczki. Pomidory umyć i pokroić w słupki, najpierw pokroić w plastry, wyciąć wnętrze i zrobić słupki z twardego brzegu pomidora. Umyj bazylię. Na ryżu posmaruj paluszki pomidora i mozzarelli,

a także listki bazylii. Uformuj wszystko w rolkę.
2. Zrób to samo z drugą połową arkusza nori.

57. SUSHI Z NADZIENIEM Z MARCHEWKI I OGÓRKA

składniki na 4 porcje

- 500 g puddingu ryżowego
- 5 łyżekOcet ryżowy lub brandy
- 4 Marchewka
- 1 ogórek (rzeczownik)
- 8 arkuszy Nori
- trochę oliwy z oliwek

Przygotowanie

1. Pomyśleliśmy o wariancie z puddingiem ryżowym, ponieważ nie mogliśmy raz kupić ryżu do sushi. Uważamy, że smakuje też pysznie!
2. Włóż ryż do garnka do gotowania ryżu i dokładnie umyj dwukrotnie letnią wodą.

Odcedź wodę i trochę wygładzić ryż. Następnie posmaruj ryż 2-3 łyżkami octu ryżowego. Wlej wodę z gotowania na szerokość 2-3 palców nad powierzchnię ryżu i ugotuj ryż. Gdy urządzenie do gotowania ryżu się wyłączy, przykryj i odstaw ryż do sushi na kolejne 10 minut. Następnie całkowicie wyłącz urządzenie do gotowania ryżu i pozwól ryżowi ostygnąć. W tym celu można również otworzyć pokrywę.

3. Ryż można też przygotować poprzedniego wieczoru (jeśli na obiad ma być sushi). Jednak nie otwieraj pokrywki na noc, po prostu wyłącz kuchenkę i pozwól ryżowi ostygnąć, w przeciwnym razie powierzchnia będzie bardzo sucha i część ryżu nie będzie już mogła być używana.
4. Aby przygotować marchewkowe sushi, umyj, obierz i pokrój na ćwiartki marchewki wzdłuż. Smażyć w dużej ilości oliwy z oliwek na rozgrzanej patelni przez około 5 minut, wyjąć i położyć na talerzu! Połóż bambusową matę na gładkiej powierzchni i połóż na niej arkusz nori. Następnie za pomocą szpatułki

rozprowadź ryż o grubości około 3-5 mm na całej powierzchni liścia. Teraz ułóż 2-3 ćwiartki marchewki 2 cm od krawędzi i uformuj bułkę. W zależności od tego, jak gęste chcesz sushi później, należy odmierzyć nadzienie. Tutaj potrzebne jest trochę wyczucia! Teraz pokrój roladę sushi na ok. 10 cm. Plastry o grubości 3 cm i ułożyć na talerzu. 4 listki nori są używane do sushi z marchwi, a druga połowa do sushi z ogórkiem.

5. Ogórek umyć i obrać (w razie potrzeby zostawić trochę skórki), ćwiartki wzdłuż i usunąć pestki. Następnie ponownie przeciąć wzdłuż arkusza nori. Ćwiartki ogórka dusić w bulionie z wodą i 2 łyżkami octu przez około 5 minut, również wyjąć i ułożyć na talerzu. Postępuj jak w przypadku sushi z marchewki.

58. SUSHI - PODSTAWOWY PRZEPIS RYŻOWY

składniki na 4 porcje

- 400 g ryżu (ryż do sushi lub ryż krótkoziarnisty)
- 1 łyżeczka soli
- 500 ml wody
- 3 łyżkiOcet (ocet ryżowy)
- 1 łyżka cukru

Przygotowanie

1. Zagotuj ryż w osolonej wodzie i pozwól mu moczyć się przez 15 minut. Pozwól mu

odparować przez kolejne 15 minut w otwartym garnku. Dodaj ocet ryżowy i cukier. Niech ryż całkowicie ostygnie, aż będziesz gotowy do użycia.

59. SUSZI Z TUŃCZYKIEM

składniki na 1 porcję

- 1 puszka tuńczyka w wodzie
- 5 łyżek majonezu
- Sól
- pieprz
- 3 arkusze Nori
- 100 g ryżu (ryż do sushi)
- cukier
- Wino ryżowe

Przygotowanie

1. Umyj ryż do sushi. Oznacza to spływanie po nim wodą, aż wypłynie tylko czysta woda.
2. Następnie gotuj zgodnie z instrukcją na opakowaniu. Dodaj 1/2 łyżeczki cukru do 2 łyżek octu ryżowego i podgrzej.
   Powoli wmieszaj ciepły ocet do jeszcze ciepłego, w pełni ugotowanego ryżu.
3. Wymieszaj tuńczyka z majonezem, solą i pieprzem i dopraw do smaku.
4. W przypadku sushi z tuńczyka połóż arkusz nori (gładką stroną) na bambusowej macie i cienko rozprowadź na nim lepki ryż, tak aby około 3/4 arkusza pokryło się ryżem. Na górze i na dole należy pozostawić niewielki margines. W środku znajduje się wąski pasek z przygotowanym tuńczykiem.
5. Zwiń wszystko i wstaw do lodówki na kilka minut. Następnie pokrój rolkę sushi i kawałki sushi lekko zwilżonym i ostrym nożem.
6. Można do niego podawać sos imbirowy, wasabi i teriyaki.

60. PYSZNE MAKI SUSHI Z SURIMI

składniki na 2 porcje

- 1 port. Ryż (ryż do sushi), przygotowany
- 1 szt. Surimi
- ½ awokado (y)
- 2 łyżki serka śmietankowego
- 2 arkusze Nori

Przygotowanie

1. Awokado obrać i obrać, a następnie pokroić w długie paski o grubości około 5 x 5 mm. Surimi przepołowić lub poćwiartować, w zależności od wielkości.
2. Umieść arkusz nori na bambusowej macie tak, aby dolna strona arkusza nori przylegała do dolnej krawędzi maty. Rozłóż ryż o grubości

około 7 mm na 2/3 arkusza nori. Teraz rozłóż łyżkę serka śmietankowego około 3 cm szerokości w środku ryżu. Na wierzchu ułóż paski awokado i surimi, każdy po około 3 do 4 pasków. Następnie zwiń go ostrożnie z równomiernym naciskiem. To sprawia, że bułki maki są dość grube. Posmaruj bułkę niewielką ilością wody lub mieszanką octu ryżowego z wodą (ułatwi to krojenie). Odetnij końce, pokrój bułkę na przyjemne kawałki o długości co najmniej 1,5 cm.

61. NIGIRI - SUSHI Z WĘDZONYM ŁOSOSIEM

Składniki na 4 porcje

- 420 g Ryż (ryż do sushi)
- 300 g Łosoś wędzony
- Pasta przyprawowa (wasabi)
- sos sojowy
- Imbir, słodko-kwaśny

Przygotowanie

1. Dla wszystkich, którzy nie lubią surowej ryby. Preparat do ryżu sushi można znaleźć w bazie CK.
2. Łososia pokroić w paski o długości 5 cm i szerokości 3 cm, zwilżyć ręce wodą i wziąć około 2 łyżki ryżu sushi i uformować w

prostokątny blok o długości 5-6 cm z zaokrąglonymi bokami i rogami. Następnie przykryj ryż paskami łososia i uformuj wszystko ponownie, aby były pyszne.
3. Wymieszaj sos sojowy z pastą wasabi (uważaj, pikantny) według własnego gustu, podawaj z imbirem.

62. ROLKA SMOKA

Składniki na 4 porcje

- 250 g ryżu (ryż do sushi)
- 50 ml octu, lżejszy japoński
- 3 łyżki cukru
- 1 łyżeczka soli
- 1 łyżeczka proszku Dashi (opcjonalnie)
- 2 arkusze Nori
- 2 krewetki królewskie w skorupce
- mąka
- 1 jajko (a)
- Panko lub bułka tarta
- Olej do smażenia w głębokim tłuszczu
- 1 marchewka
- 1 Dymka)

- 1 ogórek
- 2 Awokado (dojrzałe, ale niezbyt miękkie)
- 3 łyżki soku z cytryny
- 1 łyżka sezamu (czarne i białe ziarna)
- 3 łyżki majonezu
- 1 shot sos chili, pikantny (np. Sriracha)
- 1 strzał oleju sezamowego
- 1 strzał oleju chili
- 2 łyżeczki kawioru

Przygotowanie

1. Ten przepis dotyczy dwóch bułek. Są one cięte na osiem kawałków każda. Z innymi sushi wystarczy na 4 porcje.
2. Ryż myje się, aż woda będzie czysta. Następnie wkładasz go do sitka i pozwalasz mu dobrze odsączyć przez co najmniej godzinę. Teraz do rondelka wrzucamy ryż z 375 ml wody i w razie potrzeby dodajemy proszek dashi („zupa w proszku" na bazie ryb i alg), co ogromnie poprawia smak sushi. W Japonii ludzie lubią kłaść kawałek kombu (rodzaj wodorostów) na ryżu podczas gotowania. Ryż jest następnie gotowany na wolnym powietrzu

i gotowany pod przykryciem przez piętnaście minut na najniższym ustawieniu. Następnie pozwól mu odparować przez kolejne dziesięć minut bez pokrywki.

3. W międzyczasie robimy sushi-su, lekko podgrzewając cukier i sól z octem, aż wszystko ładnie się rozpuści (nie gotuj).
4. Gdy ryż jest gotowy, tradycyjnie umieszcza się go w płytkiej cedrowej kadzi i przerabia grzebieniem i wentylatorem, aż ostygnie i poluzuje się. Wciąż powtarza się, że jeśli nie masz drewnianej wanny, nie powinieneś używać metalowego pojemnika. Nadal kładę ryż na głębokiej blasze do pieczenia, aby ostygł i poluzował, ale wcześniej przykryłem go papierem do pieczenia. Następnie przecieram ryż drewnianą łopatką i wlewam do niego tyle sushi-su, aby ryż miał słono-kwaśny, lekko słodki składnik.
5. Krewetki są obrane, przy czym dwie z nich pozostawia się na płetwie ogonowej. Powinien wyglądać na oba końce i wspierać wygląd smoka. Teraz krewetki są lekko nacinane z tyłu i usuwane z czarnego jelita. Aby nasze skorupiaki nie pochylały się zbytnio podczas gotowania, warto przekłuć wykałaczką od przodu do tyłu.

6. Krewetki są teraz obtaczane w mące, potem w ubitym jajku, a na końcu w mące panko, smażone na gorącym oleju na złoty kolor i odtłuszczane na papierze kuchennym. W żadnym wypadku nie należy zapominać o usunięciu szpikulców przed dalszym użyciem.

Sezam jest teraz pieczony na sucho na patelni.

1. Jedno z awokado jest połówki, pestki, starannie wyjęte ze skóry łyżką stołową i pokrojone w jak najcieńsze plasterki. Ostrożnie wachlujemy awokado wzdłuż i skrop odrobiną soku z cytryny, aby się nie przyrumieniło.
2. Ogórek poćwiartować i wydrążyć. Marchewki obrać i pokroić w cienkie paski. Ostrożnie usuń skórkę i rdzeń z drugiego awokado. Umyj dymkę. Ogórek, marchewkę, awokado i dymkę pokroić osobno w cienkie paski. Skrop także drugie awokado sokiem z cytryny.
3. Przykrywamy arkusz nori ryżem o grubości około pół centymetra. U góry zostawiamy margines szerokości dwóch palców. Zawsze ładnie zwilżaj ręce, w przeciwnym razie ryż

bardzo się przyklei. Następnie odwracamy arkusz nori tak, aby strona odrywania znajdowała się na dole, a wolny pasek na dole o szerokości dwóch palców był skierowany do nas. Następnie przykrywamy liść alg marchewką, szczypiorkiem, awokado, ogórkiem i krewetkami, posypujemy odrobiną sezamu i mocno zwijamy.

4. Teraz przykrywamy wewnętrzną rolkę naszym wachlarzem z awokado, przykrywamy folią spożywczą i mocno dociskamy awokado matą do sushi. Następnie kroimy rolkę - jeszcze pokrytą folią - na osiem równych kawałków, wszystko ponownie dociskamy matą i usuwamy plastik.
5. Nasz majonez mieszamy z sosem chili, doprawiamy odrobiną chili i oleju sezamowego, a smoczą bułkę ozdabiamy pikantnym majonezem i kawiorem.
6. Niezbędne: długi nóż z ostrym, możliwie prostym ostrzem. Zamiast awokado bułkę można również posypać sashimi z łososia (surowa ryba pokrojona w cienkie plastry). W Japonii ludzie lubią jeść węgorza zamiast smażonych krewetek.

63. DIP CYTRYNOWO-SOJOWY

składniki na 1 porcję

- 6 łyżek soku z cytryny
- 6 łyżek sosu sojowego
- 1 łyżeczka pasty Wasabi

Przygotowanie

1. Wymieszaj wszystkie składniki i pozostaw na około 10 minut. Podawać jako dip z sushi.

64. CIASTO SUSHI

składniki na 1 porcję

- 300 g ryżu do sushi
- 5-częściowe arkusze Nori
- 200 g serka śmietankowego
- 1 ogórek
- 400 g Filet z łososia (s) (2 kawałki po 200 g)
- 2 Awokado (y)
- sezam
- marynowany imbir
- Wasabi
- sos sojowy

Przygotowanie

1. Ugotuj ryż sushi zgodnie z instrukcją na opakowaniu, a następnie użyj octu ryżowego, soli i cukru do przygotowania typowego ryżu sushi. Następnie pozwól ryżowi trochę ostygnąć.
2. Ogórek obrać. Awokado obrać i ukamienować. Ogórka, awokado i filety z łososia pokroić w plastry.
3. Wyłóż dno tortownicy o rozmiarze 26 folią spożywczą, a następnie ponownie przypnij brzeg.
4. Nałóż warstwę ryżu sushi o grubości kciuka lub, w zależności od gustu, grubą / cienką warstwę i dociśnij na płasko. Przechyl tę podstawę na okrągły talerz do ciasta. Teraz rozłóż grubą warstwę serka na bazie ryżu, a następnie ułóż na wierzchu liście nori. Po prostu przytnij tak, aby wszystko było zakryte. Następnie posmaruj łososiem, awokado i ogórkiem. Jeśli ciasto ma trochę stać, po prostu skrop cytrynę na awokado, w

przeciwnym razie zbrązowieje. Włóż dno do lodówki NATYCHMIAST ze względu na rybę.
5. Użyj nowej warstwy folii spożywczej w tortownicy z resztą ryżu do sushi, aby stworzyć drugą bazę. Posmaruj to w tortownicy grubą warstwą serka śmietankowego, a następnie ułóż na wierzchu liście nori. Teraz ostrożnie przechyl drugie piętro na pierwsze piętro.
6. Teraz możesz udekorować: sezamem, pozostałymi liśćmi nori, wasabi, imbirem i resztkami składników. Wyobraźnia nie zna granic.
7. Użyj bardzo ostrego lub ząbkowanego noża, aby przeciąć i powoli przeciąć. Robi 12 sztuk.
8. Podawać z marynowanym imbirem, wasabi i sosem sojowym. Najlepiej jeść nożem i widelcem.

65. KANAPKA SUSHI

składniki na 1 porcję

- 100g tofu
- Trochę sosu sojowego
- 1 łyżeczka płatków chili
- trochę imbiru
- 1 ząbki czosnku)
- 1 arkusz Nori
- 70g ryżu do sushi
- 30g awokado (s) ▢ 6g szpinaku dla dzieci
- 50g czerwonej kapusty
- 30 ml octu ryżowego ▢ 5 ml syropu klonowego
- trochę soli morskiej

- ½ ząbków czosnku)

Przygotowanie

1. Marynujemy tofu sosem sojowym, ząbkiem czosnku, 1 łyżeczką płatków chilli i odrobiną posiekanego imbiru. W międzyczasie ugotuj ryż do sushi zgodnie z instrukcją na opakowaniu. Marynowane tofu smażymy na patelni nieprzywierającej ze wszystkich stron przez około 3 minuty.
2. Awokado obrać, wyjąć rdzeń i pokroić w plasterki. Szpinak niemowlęcy umyć i osuszyć ręcznikiem papierowym.
3. Umyj 30 g czerwonej kapusty i pokrój w wąskie paski na sałatkę z czerwonej kapusty. Do rondla wlać ocet ryżowy, syrop klonowy, trochę soli morskiej i ½ ząbka czosnku z odrobiną wody i zagotować na średnim ogniu. Ciepły dressing polej czerwoną kapustę, dobrze wymieszaj, ostudź i zaparz.
4. Za pomocą małej miski uformuj ryż sushi w kwadratowy kształt, umieść go na środku arkusza nori, a na wierzchu połóż młode liście szpinaku. Teraz na szpinak wyciśnij widelcem sałatkę z czerwonej kapusty i połóż kilka plasterków awokado. Na koniec przekrój marynowane tofu wzdłuż na pół, w razie

potrzeby pokrój jeszcze mniejsze i ułóż na plasterkach awokado. Układając wszystkie składniki, upewnij się, że są ułożone jak najbliżej siebie i ułożone warstwami w kwadracie. Teraz zwilż opuszki palców niewielką ilością wody i sklej rogi arkusza jeden po drugim na środku kanapki, tak aby składniki były dobrze owinięte w arkusz nori. Zwilż ponownie wodą, jeśli jeden róg arkusza nie skleja się od razu.

5. Przekrój kanapkę na pół i podawaj z sosem sojowym.

66. NORI MAKI SUSHI NADZIEWANIE GRZYBÓW

składniki na 4 porcje

- 4. Grzyby (Shiitak), suszone
- 2 łyżki sosu sojowego, japoński
- 1 łyżka cukru

Przygotowanie

1. Grzyby namoczyć w gorącej wodzie przez około 20 minut. Usuń łodygi i pokrój główki w cienkie paski. Dusić w 1/2 szklanki płynu do namaczania wraz z sosem sojowym i cukrem, aż płyn prawie wyparuje. Niech ostygnie.
2. Ułożyć paski grzybów w Maki Sushi (wewnętrzne rolki ryżowe). Wyglądają bardzo dobrze w kolorze (brąz) i aromacie (słodkie,

umami, kwaśne) i tworzą ładny kontrast z paskami warzywnymi.

67. SUSHI BURRITO Z PIERSIĄ INDYKA, MANGO I AWOKADO

składniki na 2 porcje

- 200 g ryżu do sushi
- 2 łyżkiOcet ryżowy
- cukier
- 200 g piersi z indyka
- 1 ogórek
- 1 mango (s), dojrzałe

- 1 Awokado (s), dojrzałe
- n. B. rukola
- 3 łyżki orzeszków solonych
- 100 g sera Creme fraiche
- 100 g serka śmietankowego
- 1 Cytryny)
- 2 łyżki oleju, neutralny
- n. B. Chilli płatki ❑ sól i pieprz
- 4. arkusze Nori
- n. B. sos sojowy

Przygotowanie

1. Aby ryż do sushi ostygł do wałkowania, należy go najpierw przygotować. Najpierw dokładnie umyj ryż sushi. Następnie przygotuj ryż zgodnie z instrukcją na opakowaniu lub po prostu w urządzeniu do gotowania ryżu. Nie powinno to zająć więcej niż 20-30 minut.
2. W międzyczasie podgrzej ocet ryżowy w małym rondlu i wymieszaj z 1 łyżeczką soli i 1 łyżeczką cukru, aż sól i cukier się rozpuszczą. Gotowy ryż do sushi włóż do dużej miski z mieszanką octu i dobrze wymieszaj drewnianą łyżką. Następnie odłóż ryż sushi i pozwól mu ostygnąć.

68. PĄCZKI SUSHI

składniki na 6 porcji

- 200 g ugotowanego ryżu do sushi
- 50 ml octu ryżowego
- 1 łyżka oliwy z oliwek
- ½ łyżeczki soli
- 50g łososia
- ½ ogórka
- 50 g serka śmietankowego
- ½ awokado (y)
- Marchewka
- sezam
- sos sojowy

- imbir

Przygotowanie

1. W średniej misce wymieszaj ugotowany ryż, ocet ryżowy, oliwę z oliwek i sól. W nieprzywierającej puszce do pączków napełnij każdą puszkę dwiema dużymi łyżkami ryżu sushi. Rozłóż tak, aby każdy kształt był wypełniony, a ryż był równomiernie rozłożony.
2. Przykryj dużą blachą do pieczenia i ostrożnie odwróć kształt pączka do góry nogami. Postukaj w pączek na górze i po bokach, a następnie ostrożnie wyjmij.
3. Udekoruj ryż sushi różnymi dodatkami, pyszne kombinacje to na przykład: łosoś, ogórek, serek i sezam. Ale awokado, serek i ogórek też bardzo dobrze smakują. Pyszne są także marchewka, ogórek, łosoś, serek śmietankowy i sezam. Na sam koniec posyp cebulą dymką i podawaj z sosem sojowym i marynowanym imbirem.

69. WEGAŃSKIE SUSHI DELUXE

składniki na 2 porcje

- ½ szklanki ryżu sushi
- 2 ocet ryżowy (ocet ryżowy)
- ½ awokado (ów)
- ½ papryki, czerwona
- ½ marchewki (s) ▢ ¼ ogórka
- 5 arkuszy nori
- 1 kiełbaski, wegańskie (Kiełbasy Merguez)
- Trochę pasty wasabi
- trochę sosu sojowego

Przygotowanie

1. Ryż ułożyć na wierzchu z podwójną ilością wody, krótko zagotować, a następnie namoczyć na małym ogniu przez 15 minut. Następnie zdejmij go z pieca, dodaj ocet ryżowy i pozwól mu ostygnąć, w przeciwnym razie liście nori staną się rozmokłe.
2. Awokado, paprykę, marchew, ogórek i kiełbasę pokrój wzdłuż na cienkie słupki. Przed pokrojeniem ogórek wydrążyć łyżeczką.
3. Połóż arkusz nori na bambusowej macie i przykryj dolną jedną trzecią ryżem. Rozłóż pasek pasty wasabi, paluszki warzywne i merguez na wierzchu. Zwiń ciasno za pomocą maty bambusowej i potnij na kilka kawałków wilgotnym, czystym nożem. Zrób to samo z pozostałymi liśćmi nori.
4. Podawaj sushi z miską sosu sojowego.

70. OMLET TAMAGOYAKI SUSHI

składniki na 2 porcje

- 6 jajek
- 50 ml Dashi, zobacz mój przepis w DB, lub Granulki Dashi
- woda
- 1 łyżka sake
- 1 łyżeczka Mirin
- 1 łyżka sosu sojowego, dobrej jakości
- 20g cukru
- 1 szczypta soli
- 2 łyżki

Przygotowanie

1. Dashi, sake, mirin i cukier gotujemy raz przez 1 minutę, aby wszystko lepiej się wymieszało, a alkohol wyparował, a następnie ostudź. Jajka ubić z odrobiną soli i sosem sojowym na pianę, a następnie wymieszać z nimi ostudzoną w międzyczasie masę dashi.
2. Teraz potrzebujesz prostokątnej japońskiej patelni, ale możesz też spróbować zrobić japoński omlet w okrągłych patelniach. Później można było pociąć wszystko na duży prostokąt i wykorzystać wycięte krawędzie do czegoś innego.
3. Rozsmaruj trochę oleju na patelni i dodaj około 1/4 masy jajecznej. Jeśli utknie na podłodze, złóż jedną czwartą powierzchni od zewnątrz do wewnątrz, praktycznie składając ją jak kartkę papieru na list. Następnie ponownie złóż drugą i trzecią ćwiartkę nad następną. Teraz ponownie rozprowadź trochę oleju na odsłoniętym dnie patelni i napełnij go cienką mieszanką jajeczną. Złóż to, zaczynając od już złożonej masy jajecznej, w taki sam sposób jak poprzednio. Powtórz te dwa kroki jeszcze dwa razy, aż mieszanina

jajek się zużyje. Stwarza to stosunkowo zwiększoną rolę. Rolkę nasunąć na deskę, odtłuścić z zewnątrz papierem kuchennym i pokroić na równomierne kawałki.

Plastry o grubości 1-2 cm.

4. Zjedz natychmiast lub użyj do sushi nigiri w temperaturze pokojowej. Omlet sam w sobie dobrze smakuje, nawet po schłodzeniu. Możesz dodać go bezpośrednio do mieszanego talerza sushi bez ryżu.

71. ŚRUBY - SUSHI

Czas 30 min.

składniki na 3 porcje

- 500 g Stek (s), (Stek z kurczaka w minutach)
- 2 szt. Boczek
- 100 g parmezanu w jednym kawałku
- Sól i pieprz, uważaj, parmezan i boczek są słone)
- 1 port. Masło

Przygotowanie

1. Wymagane są śruby mosiężne (T20) lub wykałaczki.
2. Pokrój drobne steki z kurczaka po przekątnej, więc zrób z nich cienkie rolady (najlepiej z płaskim, ostrym nożem i płaską dłonią na wierzchu). To wymaga trochę praktyki! Ale reszta jest łatwa.
3. Parmezan pokroić lub pokroić w cienkie plasterki.
4. Połóż cienkie plasterki kurczaka na płasko, a na wierzch połóż plaster bekonu i parmezanu. Zwiń, powinien mieć co najmniej 2 obroty, aby całość trzymała się podczas smażenia!
5. Następnie wkręć śrubę ok. Co 3 cm lub opcjonalnie przebijaj wykałaczką. Rolkę przetnij pośrodku między wykałaczkami lub

śrubkami. Dopraw kawałki i smaż je na maśle z obu stron na patelni, aż mięso się ugotuje.
6. Roladki dobrze komponują się z wszelkiego rodzaju makaronami, lubię też robić je ze smażonymi kluseczkami ziemniaczanymi z sosem szpinakowym!
7. Trochę kłopotów, ale warto! Małe kęsy są niesamowicie soczyste i po prostu dobrze smakują. Wyglądają też apetycznie! Świetnie sprawdzają się też wszelkiego rodzaju odmiany!
8. Mam nadzieję, że mój pierwszy przepis przypadnie Wam do gustu!

72. MISKA SUSHI Z GENIALNYM AZJATYCKIM DRESSINGIEM

składniki na 2 porcje

- 150 g ryżu do sushi
- 2 łyżkiOcet ryżowy
- 1 łyżka cukru
- ½ łyżeczki soli
- 180 g Filet(y) z łososia, bardzo świeży, surowy
- 180 g groszku, TK lub Edamame
- 1 marchewka
- mini ogórek
- 1 arkusz Nori
- trochę sałatki Pick
- 1 łyżeczka sezamu
- 5 łyżeczek sosu rybnego
- 4 łyżki sosu sojowego
- 6 łyżek soku z limonki

- Liść limonki kaffir lub trochę trawy cytrynowej
- 4 łyżeczki cukru palmowego, startego (normalny cukier też działa)

Przygotowanie

1. Ryż do sushi ugotuj zgodnie z instrukcją na opakowaniu i krótko ostudź. W międzyczasie, mieszając, podgrzej ocet, cukier i sól w małym rondelku i również pozwól im ostygnąć. Następnie wymieszaj mieszankę ryżu i octu.
2. Łososia pokroić na małe kawałki, marchewkę i ogórka pokroić w kostkę, krótko zagotować groszek i ostudzić, a następnie oskubać sałatę na kawałki wielkości kęsa. Namocz krótko arkusz nori. Wszystko ładnie układamy w misce.
3. Do dressingu wymieszaj sos rybny, sos sojowy, sok z limonki, cukier palmowy i grubo posiekany liść limonki kaffir i pozostaw do zaparzenia, jeszcze lepiej przygotuj dzień wcześniej. Następnie polej miseczkę dressingiem bez liści limonki kaffir i posyp sezamem.

73. TOSTY SUSHI

składniki na 1 porcję

- 500 g Chleb tostowy (cały posiłek)
- 200 g serka śmietankowego
- mleko
- Sól
- pieprz
- 1 sztuka (y) Ogórek
- 1 sztuka (s) Marchewka
- 1 sztuka (s) salami

Przygotowanie

1. Odcedź chleb, a następnie rozwałkuj go na płasko wałkiem do ciasta. Serek śmietankowy

ubić z 1-2 łyżkami mleka i doprawić solą i pieprzem.
2. Pozostałe składniki pokroić w słupki o grubości około 12 cm. Długość pisaków zależy od tostów chlebowych - powinny być nieco dłuższe niż szerokie. Cienko rozsmarować serek na kromkach tostów i
3. na wierzch z ogórkiem, marchewką i paluszkiem salami. Następnie zwiń go tak ciasno, jak to możliwe - najlepiej zrobić to za pomocą maty do sushi. Na koniec za pomocą bardzo ostrego noża o gładkiej krawędzi odetnij sushi ok. 4 cm każdy.

74. GRZYBY SHIITAKE DO SUSHI

składniki na 2 porcje

- 10 grzybów shiitake, suszonych
- 2 łyżki sosu sojowego
- 2 łyżki stołowe. cukier
- 2 łyżeczki Mirin

Przygotowanie

1. Grzyby shiitake są idealne do wegetariańskiego sushi, np. maki z serkiem shiitake.
2. Suszone grzyby shiitake zalej wrzątkiem i moczyć przez 15 minut. Alternatywnie możesz wziąć zimną wodę i namoczyć ją przez godzinę (powinno to sprawić, że aromat grzybów będzie jeszcze bardziej intensywny).

3. Grzyby odcedzić, zbierając wodę z moczenia. W razie potrzeby usuń twarde końce uchwytu. Jeśli grzyby są używane do sushi, wskazane jest, aby w tym momencie pokroić je w paski.
4. Pieczarki przykryć w rondelku wodą z moczenia i zagotować, następnie zmniejszyć ogień i dusić przez 2 minuty. Dodaj cukier i sos sojowy i gotuj na wolnym ogniu, mieszając, od czasu do czasu, aż płyn całkowicie wyparuje.
5. Na koniec dodaj mirin, mieszając. Ostatni krok nie jest konieczny, ale mirin nadaje grzybom ostateczny szlif.

75. MISKA SUSHI Z TAMAGOYAKI

Składniki na 2 Porcje

- 150g Ryż krótkoziarnisty
- ½ ogórka
- 1 Czerwona papryka (y)
- 1 marchewka
- 1 awokado (y)
- 2 łyżki sezamu
- 5 łyżek octu ryżowego
- 2 łyżki oleju sezamowego
- 2 łyżki sosu sojowego
- Trochę proszku imbirowego
- 3 jajka)
- 3 łyżki sake
- 1 łyżeczka sosu sojowego
- 2 łyżeczki cukru
- Trochę soli

Przygotowanie

1. Ryż przygotuj zgodnie z instrukcją na opakowaniu. W międzyczasie umyj warzywa. Paprykę i ogórka pokroić w cienkie paski, a awokado w plasterki. Marchew obrać i pokroić w cienkie paski obieraczką.
2. Rozgrzej trochę oleju sezamowego na patelni. Ubij jajka w misce i ubij. Dodaj 3 łyżki sake, 1 łyżeczkę sosu sojowego, 2 łyżeczki cukru i trochę soli i dobrze wymieszaj.

3. Umieść 1/3 masy jajecznej na gorącej patelni. Jak tylko jajko zastygnie, zwiń je do środka. Ponownie umieść mieszankę jajeczną na odsłoniętym obszarze i upewnij się, że płynie pod zwiniętym jajkiem.
4. Poczekaj, aż jajko zamarznie i ponownie je zwiń - tym razem w innym kierunku. Następnie wyłóż resztę masy jajecznej na zwolnione miejsce, poczekaj, aż zamarznie i całkowicie zwiń.
5. Zrolowany omlet wyjąć z patelni i pokroić w plasterki. Odłóż wszystko na bok.
6. Wymieszać 5 łyżek octu ryżowego, 2 łyżki oleju sezamowego i 2 łyżki sosu sojowego i doprawić imbirem w proszku. Upraż nasiona sezamu na patelni bez oleju.
7. Rozłóż ryż w miskach (np. miseczkach zbożowych) i udekoruj warzywami i omletem. Następnie rozprowadź na wierzchu mieszankę octu, oleju i sosu. Na koniec posyp prażonym sezamem i podawaj.

76. SUSHI NISKIEJ WĘGLOWODANÓW

składniki na 2 porcje

- 1 duża głowa kalafiora
- Sól
- 30 ml octu ryżowego
- 20 g cukru (1 łyżka)
- 1 łyżeczka sosu ostrygowego
- 100 g Podwójnie śmietankowy serek
- 100 g łososia
- ogórek (rzeczownik)
- Warzywa lub ryby do wyboru
- Arkusze Nori
- sos sojowy
- Wasabi

Przygotowanie

1. Kalafior podzielić na różyczki i umyć. Lekko osoloną wodę zagotować. Wrzuć kalafior do wrzącej wody i gotuj przez 4 minuty, powinien pozostać jędrny do ugryzienia. Dobrze odcedź i ostudź. Użyj robota kuchennego lub blendera, aby posiekać ziarna.
2. Ocet wymieszać z cukrem i sosem ostrygowym i krótko podgrzać, aby wszystko dobrze się połączyło. Następnie polej kalafiorem i wymieszaj serek na masę.
3. Warzywa i rybę pokroić w cienkie paski.

Maki:

1. Posmaruj arkusz nori mieszanką kalafiorową. Pozostaw górną krawędź wolną przez ok. 2 godz. 2 cm. Posmaruj trochę wasabi, jeśli chcesz. Połóż paski warzyw i ryb wzdłuż na środku. Zwilż brzeg wodą, aby lepiej się skleił. Teraz zawiń go w twardą rolkę matą do sushi. Bułkę schłodzić przez godzinę, a następnie pokroić na kawałki tej samej wielkości.

Nigiri:

2. Z masy kalafiorowej formuj ręcznie lub za pomocą foremki nigiri małe bloki. Posmaruj wasabi i nałóż rybę. Schłodź też przez godzinę.

77. SUSHI WEGAŃSKIE

składniki na 4 porcje

- 300 g ryżu do sushi
- 600 ml wody
- 60 ml podróżnych łyżeczek cukru
- ½ łyżeczki soli na arkusze nori
- 1 mały ogórek (y) sałatkowy, pokrojony w paski lub pomidor (y), pokrojony w paski
- 1 małe awokado (a), pokrojone w paski

Poza tym:

- n. B. sos sojowy

- NB Wasabi

Przygotowanie

1. Ryż sushi umyj na sicie pod zimną bieżącą wodą, aż woda będzie czysta.
2. Następnie dobrze osusz ryż do sushi.
3. W rondelku zagotować 600 ml wody, dodać ryż i zmniejszyć ogień, przykryć pokrywką i gotować 10 minut. Wyjmij ryż z kuchenki i przykryj suchą, czystą ściereczką i pozostaw do odparowania przez 10 do 15 minut. W międzyczasie podgrzej ocet ryżowy i rozpuść w nim sól i cukier.
4. Włóż ryż do miski i dodaj ocet ryżowy i regularnie mieszaj drewnianą łopatką i odstaw do ostygnięcia.
5. Połóż arkusz nori na macie do sushi, rozłóż na nim ryż o wysokości 1 cm, pozostawiając pasek na górze. Na środku ułóż oczyszczone warzywa pokrojone w paski. Zwiń równomiernie arkusz nori, a następnie ostrożnie wciśnij sushi w bambusową matę, aż stanie się lekko prostokątne. To wymaga trochę praktyki.
6. Pokrój sushi ostrym nożem na plastry na szerokość kciuka i podawaj z sosem sojowym i wasabi.

7. Do nadzienia można również użyć innych sezonowych surowych warzyw.

78. SUSHI Z RYBAMI I CHIPSAMI

Czas 50 min.

składniki na 4 porcje

- 500 g ryżu do sushi lub dobrego puddingu ryżowego
- 4 łyżki proszku (ocet sushi w proszku)

"Sushinoko")
- 8. Paluszki rybne, z białym mięsem
- 200 g frytek, TK

- 4. arkusze Nori
- Trochę majonezu
- trochę ketchupu

Przygotowanie

1. Ocet do sushi w proszku dostępny jest w sklepach azjatyckich. Alternatywnie ryż sushi można również ugotować z octem sushi, wybierz przepis z bazy danych.
2. Rozgrzej piekarnik do 220 stopni Celsjusza. Ryż umyj 2 lub 3 razy w rondlu, a następnie odsącz wodę. Do rondla wlej 700 ml zimnej wody i odstaw ryż na 10 minut. Upewnij się, że garnek mieści więcej niż 1,8 l i ma przykrywkę!
3. Połóż pergamin na blasze do pieczenia, połóż frytki i paluszki rybne na wierzchu i włóż blachę do piekarnika. Przygotowanie frytek i paluszków rybnych zajmuje około 20 minut.
4. Teraz ugotuj ryż. W tym celu umieść garnek na kuchence elektrycznej na maksymalnym ustawieniu (3) i poczekaj, aż piana wypłynie z garnka. Zajmuje to około 10 do 15 minut. Następnie zmniejsz ogień do zera i pozostaw rondel na kuchence na 15 minut. Należy pamiętać, że ze względu na wielkość doniczki pianka może nie być w stanie wydostać się. Aby uniknąć zablokowanego ryżu, sprawdzaj

od czasu do czasu - ale nie często! - czy nadal jest płyn. Gdy płyn się zużyje, natychmiast zmniejsz ogień do zera i pozostaw rondel na kuchence na 15 minut. Gdy ryż będzie gotowy, włóż ryż do miski i wymieszaj z octem sushi w proszku. To sprawi, że ryż będzie gładki.

5. Po skończeniu wyjąć paluszki rybne i frytki z piekarnika
6. Teraz zaczyna się toczenie. Jest kilka wskazówek, jak to zrobić, ale moim zaleceniem jest owinięcie maty bambusowej folią spożywczą, aby ryż nie przyklejał się do maty.
7. Połóż arkusze nori na macie i połóż ryż na wierzchu. Następnie posmaruj ryż 2 paluszkami rybnymi i frytkami i posyp majo i ketchupem. Uformuj wszystko w rolkę za pomocą maty bambusowej. Wskazówka: istnieje wiele dobrych wskazówek dotyczących obracania się na Youtube! Po zwinięciu pokrój bułki na plasterki i podawaj.
8. Ten przepis został opracowany na małą imprezę w Londynie. To proste i wszyscy to pokochali!

79. SŁODKIE SUSHI Z OWOCAMI

Składniki na 4 porcje

- 150 g ryżu (ryż do sushi lub risotto)
- 100 ml wody
- 150 ml mleka
- 4 łyżki cukru
- 1 laska wanilii
- 1 kiwi (ki)
- 100 g Mango (s)
- Truskawki
- 3 łyżki dżemu (morelowego)
- 3 łyżki kakao w proszku, niesłodzone

Przygotowanie

1. Przełóż ryż na sitko i umyj, aż woda będzie czysta. Następnie wrzuć ryż do rondla z 100 ml wody, mleka i cukru. Laskę wanilii przekroić na pół, wyskrobać miąższ, dodać do ryżu i całość zagotować. Zmniejsz ogień i gotuj ryż przez około 20 minut, często mieszając. Dopiero gdy płyn całkowicie się wchłonie, wrzuć ryż do miski i pozwól mu ostygnąć.
2. Obierz kiwi i mango i pokrój w paski. Truskawki oczyścić i poćwiartować. Pokrój dwa paski folii spożywczej na około. prostokąty o wymiarach 20 cm x 15 cm i ułóż je płasko na powierzchni roboczej.
3. Rozłóż ryż na dwóch kawałkach folii i rozłóż na dwa prostokąty. Mocno dociśnij ryż i pokryj powierzchnię ryżu dżemem morelowym. Rozłóż owoce w paski w dolnej jednej trzeciej części ryżu. Ubij ryż na owocach za pomocą folii i uformuj bułkę. Wyjmij rolki sushi z folii i ostrożnie obtocz je w proszku kakaowym. Następnie pokrój w plasterki i podawaj.

80. SUSHI - RYŻ

składniki na 1 porcję

- 300 g ryżu, japoński ryż krótkoziarnisty
- 330g wody
- 1-szt. Algi (kombu), mniej więcej wielkości pocztówki (opcjonalnie)
- 4 łyżki octu ryżowego, więcej japońskiego
- 2 łyżki cukru
- ½ łyżeczki soli

Przygotowanie

1. Włóż ryż do durszlaka i zanurz go w dużej misce z wodą. Umyj dokładnie i spuść mleczną wodę. Umyj ryż, aż woda będzie czysta. Odcedź wodę i pozostaw ryż na durszlaku na 30 minut.

2. Pokrój kombu kilka razy, aby w pełni rozwinęło swój aromat.
3. Umyty ryż włożyć do rondla z wodą. Dodaj kombu i zamknij pokrywkę. Doprowadzić do wrzenia bez podnoszenia pokrywki. Zagotuj wodę, gotuj wszystko przez kolejne 3 minuty na dużym ogniu.
4. Następnie znacznie zmniejsz ogień (ustawiam piec na poziom 1 z 9) i gotuj ryż przez kolejne 10 minut. Zdejmij z ognia i odstaw na 10 minut. Podnieś pokrywkę i wyjmij kombu.
5. W międzyczasie podgrzej w rondlu składniki na mieszankę octu, mieszaj, aż cukier i sól się rozpuszczą – nie pozwól im się zagotować! Następnie zdejmij piec i ostudź.
6. Ugotowany ryż włożyć do miski, polać odrobiną octu i za pomocą drewnianej szpatułki wlać do ryżu. Teraz rozłóż ryż w misce i pozwól mu ostygnąć. Stopniowo dodawać ostrożnie pozostałą mieszankę octu, aż ryż ostygnie do temperatury pokojowej.

81. SOS SUSHI TERIYAKI

składniki na 1 porcję

- 4 łyżki sosu sojowego
- 1 łyżka wina ryżowego
- 2 ząbki czosnku
- 2 łyżeczki imbiru, startego
- 1 łyżeczka soli

Przygotowanie

1. Wymieszaj wszystkie składniki, dobrze sprasowany czosnek.
2. Ten sos jest idealny do marynowania mięsa (informacje o przepisie wystarczają na ok. 500 g).
3. Zamiast wina ryżowego można również użyć sherry.

82. SAŁATKA SUSHI

składniki na 2 porcje

- trochę oleju słonecznikowego
- 1 arkusz Nori ok. 20x20cm
- 200 g ryżu krótkoziarnistego
- 30 ml octu jabłkowego, klarowniejszy
- 1 łyżeczka cukru czubatego
- 1 łyżeczka wyrównanej soli
- 175 g Serek Śmietankowy (Filadelfia)
- 2 łyżki sosu sojowego
- ½ ogórka

- 200 g Łososia, surowego lub wędzonego do smaku
- ½ dojrzałego awokado
- trochę sezamu, mieszany czarno-biały

przygotowanie

1. Ryż ugotuj zgodnie z instrukcją na opakowaniu. Serek wymieszać z sosem sojowym. Ocet wymieszać z cukrem i solą i dodać do jeszcze ciepłego, ugotowanego ryżu.
2. Ogórka, łososia i awokado pokroić w plastry o grubości 3 mm. Gdy ryż ostygnie, krótko podgrzej ryż w kuchence mikrofalowej.
3. Przygotuj formę o wymiarach 14 x 14 x 5 cm, połóż na dużej desce do krojenia i natrzyj olejem słonecznikowym.
4. Przytnij arkusz nori do odpowiedniego rozmiaru dla kształtu, którego używasz i umieść go w kształcie. Następnie równomiernie rozprowadź połowę przygotowanego ryżu na patelni mokrymi rękami i mocno dociśnij.
5. Wymieszaj drugą połowę ryżu z drobno posiekaną resztą z pokrojonego arkusza nori. Róg arkusza nori pozostał po przycięciu go na

wymiar, przy innych ilościach z grubsza zachowaj tę samą proporcję.
6. Rozłóż równomiernie na ryżu połowę śmietanki sera i mieszanki sojowej. Ogórek ułożyć równomiernie i lekko docisnąć. Równomiernie rozprowadź łososia i lekko dociśnij. Na koniec połóż plastry awokado na wierzchu i lekko dociśnij.
7. Na wierzchu posmaruj ryż nori i lekko dociśnij. Następnie rozprowadź resztę mieszanki sojowej Philadelphia na ryżu. Posyp sezamem. Wstaw do lodówki na godzinę.
8. Jeśli chcesz, możesz dodać do niego wszystko przed podaniem. Najpierw B. udekoruj marynowanym imbirem lub innymi odpowiednimi składnikami. Następnie usuń kształt.

83. SUSHI SZPITALNE

składniki na 1 porcję

- 0,33 szklanki ryżu do sushi
- 1 arkusz Nori
- 1 łyżka sosu sojowego
- 1 łyżeczka octu ryżowego
- ¼ łyżeczki cukru
- Pasta wasabi

przygotowanie

1. Zagotuj wodę, dodaj ryż do sushi i gotuj na średnim ogniu, często mieszając. Gdy ryż będzie miękki, dodaj cukier i ocet ryżowy. Następnie pozwól ryżowi ostygnąć.
2. Pokrój ogórek na słupki. Rozłóż arkusz nori na macie do sushi i połóż ryż na wierzchu.

(Wskazówka: wcześniej zmocz ręce, aby ryż się do nich nie przykleił.) Umieść pałeczki ogórka wzdłuż. Zwiń wszystko. Pokrój bułkę na małe kawałki.
3. Podawać z sosem sojowym i pastą wasabi.

84. GOTUJ RYŻ SUSHI W MIKROFALI

składniki na 5 porcji

- 500 g ryżu do sushi
- 700 ml wody
- Ocet (ocet do sushi)

przygotowanie

1. Ryż umyć na sicie, wymieszać z wodą, przykryć i gotować w kuchence mikrofalowej przez maksymalnie 10-15 minut. Następnie przykryj ręcznikiem kuchennym i odstaw na 10 minut.
2. Następnie dopraw octem do sushi i pozwól ryżowi ostygnąć. Następnie przetwórz.

Wskazówka: Możesz również zmieszać 250 gram ryżu z 350 ml wody, aby uzyskać mniejszą porcję dla dwóch osób.

85. SUSHI Z GRZYBÓW KING OYSTER (LOW CARB)

Czas 40 min.

składniki na 2 porcje

- 300 g boczniaków królewskich
- 180 g makaronu shirataki w formie ryżu
- 2 łyżki serka śmietankowego □ 200 g Pak choi
- 1 cebula dymka (rzeczownik)
- n. B. kolendra
- 3 arkusze Nori

przygotowanie

1. Boczniaki pokrój wzdłuż na cienkie plasterki i usmaż na patelni z odrobiną masła lub oleju. Mogą być lekko zarumienione dla aromatu. Niech ostygnie.
2. Podzielić pak choi, jeśli to konieczne, pokroić liście wzdłuż i krótko podsmażyć na patelni na dużym ogniu. Powinna pozostać chrupiąca.
3. Zieleń oczyścić z dymki i pokroić w paski.
4. Umyj shirataki w durszlaku. Jeśli pachną rybi (z powodu płynu alkalicznego), krótko spłucz octem, a następnie spłucz ocet. Dobrze odcedź, a następnie wymieszaj z serkiem śmietankowym.
5. Rozłóż jedną trzecią każdego na arkuszu nori, ułóż 1/3 dymki, 1/3 pieczarek i 1/3 pak choi na wierzchu. Jeśli lubisz kolendrę, możesz posypać ją posiekaną kolendrą. Zwiń i pokrój w plasterki.
6. Podawać z sosem sojowym i wasabi.
7. Przepis oczywiście działa równie dobrze z prawdziwym ryżem do sushi.

86. SUSHI "KAPPA MAKI"

składniki na 12 porcji

- 250 g Ogórka (rzeczownik)
- 140 g ryż do sushi, gotowany
- 1 arkusz Nori arkusz
- 35 g pasty wasabi
- Sól

przygotowanie

1. Ogórek umyć, a następnie pokroić wzdłuż na paski o grubości 1 cm. Posyp solą i odstaw na kilka minut. Następnie zmyj paski ogórka.

2. Rozłóż ryż sushi na arkuszu nori, następnie ułóż paski ogórka cienką linią i posmaruj odrobiną pasty wasabi.
3. Zwiń i pokrój w sushi o długości 5 cm.

87. NIGIRI SUSHI SYMFONIA

składniki na 4 porcje

Na ryż:

- 400 g ryżu do sushi
- 600 ml wody

Do sosu: (Przyprawa do sushi-zu)

- 50 ml octu ryżowego
- 40 g cukru
- 20 g soli

Na sos: (sos Nikiri)

- 50 ml Mirin
- 50 ml octu ryżowego
- 40 g cukru
- 50 ml sosu sojowego
- 50 ml sosu sojowego, gęsty, słony
- 50 ml sosu sojowego, gęstego, słodkiego

Do pokrycia:

- 150 g łososia
- 150 g tuńczyka
- 150 g dorsza
- 150 g Okoń morski
- 1 tubka / n preparat Wasabi

1. Umyj ryż sushi pod zimną wodą, aż woda będzie w połowie czysta. W rondelku z wodą (zawsze 1,5-krotną ilość wody) i zamkniętą pokrywką zagotować, aż się zagotuje. Wymieszaj raz i przy zamkniętej pokrywie ugotuj ryż na wyłączonej płycie grzewczej.
2. W międzyczasie zagotuj ocet ryżowy, cukier i sól i krótko ostudź. Po ok. godz. 10 - 20 minut ryż wsypać do dużej miski (lub lepiej do

hangiri) i za pomocą wentylatora schłodzić ryż i jednocześnie pracować w sushi-zu, czyli sosie przyprawowym.

3. Aby przygotować sos Nikiri, zagotuj mirin, ocet ryżowy i cukier i zredukuj do syropu. Dodaj trzy różne sosy sojowe do schłodzonego płynu i wymieszaj. Nikiri to rodzaj lakieru, który służy do ostatecznego wykończenia niektórych gatunków ryb, zwłaszcza tuńczyka. Każdy mistrz sushi ma swój przepis.
4. Aby przygotować sushi nigiri, pokrój świeżą rybę w cienkie plasterki. Pamiętaj, aby zamówić rybę w jakości sashimi w sklepie rybnym!
5. Uformuj kulki ryżowe, rozłóż pod rybą wasabi i ułóż na wierzchu, dociśnij i uformuj sushi nigiri. Posmaruj tuńczyka sosem nikiri. Łososia podsmażyć na palniku bunsena, a następnie doprawić sosem nikiri.
6. Podawać z marynowanym imbirem.

88. WEGAŃSKIE KIMCHI SUSHI

Czas 65 min.

składniki na 3 porcje

- 100 ml ryżu do sushi
- 1 łyżka ciemnego oleju sezamowego
- 1 łyżka octu ryżowego
- 1 łyżka sezamu
- 1 łyżeczka soli
- 3 Dymka (ki), zielona część
- 3 arkusze Nori
- 6 łyżek Kimchi

przygotowanie

1. Ugotuj ryż z podwójną ilością wody na średnim ogniu. W razie potrzeby dodaj trochę więcej wody. Niech ryż ostygnie, a następnie wymieszaj olej sezamowy, ocet ryżowy, nasiona sezamu i sól.
2. Rozłóż 2 łyżki ryżu na dolnej połowie arkusza nori i ułóż na wierzchu rząd cebuli dymki i 2 łyżki kimchi. Zwiń i zwilż końcówkę wodą, aby lepiej się przykleiła.
3. Umieść szew rolki sushi na drewnianej desce. Zrób to samo z pozostałymi dwoma liśćmi nori. Na koniec pokrój bułki na plastry o grubości 1,5 - 2 cm i podawaj z odrobiną sosu sojowego.

89. ŚW. PAULI - SUSHI Z REDUKCJĄ BALSAMICZNA

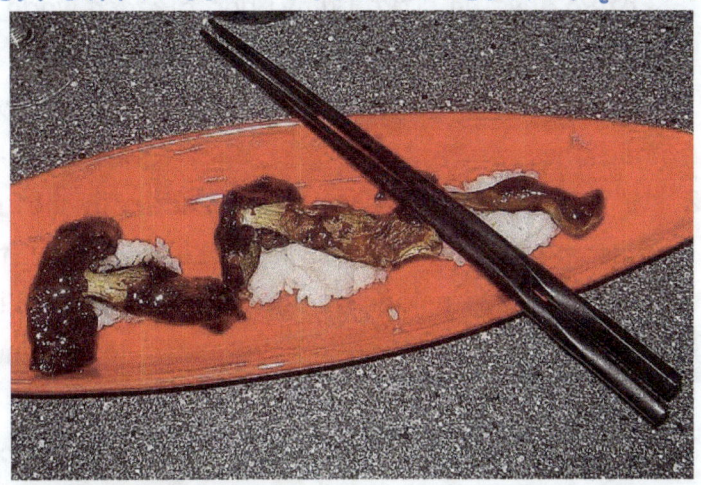

składniki na 4 porcje

- 150 g Ryż, sushi
- 200 ml wody
- 3 łyżki octu jabłkowego lub octu sushi
- 60 ml sosu sojowego
- 3 łyżki octu balsamicznego
- 100 g cukru
- 4 m-duży Borowik
- 1 łyżka oleju sezamowego
- 1 listki nori, pokrojone w paski lub wodorosty

przygotowanie

1. Przełóż ryż na sitko i umyj pod bieżącą wodą, aż spływająca woda będzie czysta.
   Następnie odstaw ryż na sitko na około godzinę.
2. W międzyczasie, w celu redukcji octu balsamicznego, włóż sos sojowy, ocet balsamiczny i cukier do rondla bez pokrywki i zmniejsz do lepkiej konsystencji na małym ogniu, od czasu do czasu mieszając.
3. Ryż i wodę włożyć do rondla, doprowadzić do wrzenia i szybko gotować przez około dwie minuty. Zmniejsz znacznie ogień i gotuj z zamkniętą pokrywką przez około 15 minut. Ryż spulchnij pałeczkami lub widelcem. Dodaj ocet jabłkowy lub sushi. Połóż ręcznik na blasze do pieczenia, rozłóż na nim ryż, aby jak najszybciej ostygł.
4. Pieczarki oczyścić, posmarować i pokroić w plastry o grubości ok. 1 cm. Rozgrzej patelnię, zalej olejem sezamowym, włóż pieczarki i smaż z obu stron, aby grzyby nabrały koloru. Następnie pieczarki obtoczyć w redukcji balsamicznej.
5. Ryż uformować w małe bułeczki w porcjach. Na każdą rolkę położyć plasterek pieczarki.

Owiń każdą rolkę wąskim paskiem nori lub wodorostów.

90. GÓRSKI STYL SUSHI

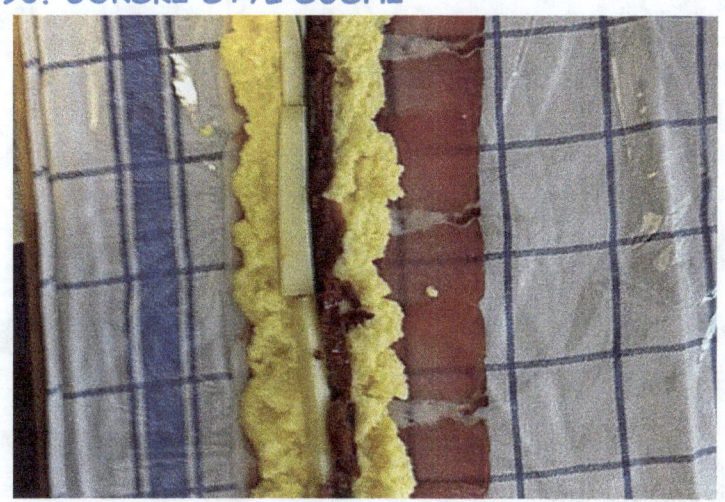

składniki na 4 porcje

- 100 g Kasza kukurydziana (Bramata), gruba
- 100 g twarogu
- 50 g sera (smak Gruyere), drobno pokrojonego
- 50 g Pomidorów, suszonych w oleju
- 1 łyżka kaparów
- 1 łyżka cebuli (s)
- 10 Ostra papryka (Pepperdews), bez nadzienia

- 200 g Szynka (Szynka Grisons surowa)
- 1 pęczek bazylii, duże liście
- trochę świeżego tymianku
- trochę estragonu, świeżego
- trochę majeranku, świeżego
- trochę oregano, świeże?
- trochę bazylii, świeżej
- sól i pieprz
- Wino, białe
- Ocet winny
- sos Worcestershire
- sos sojowy
- Proszek z papryki

przygotowanie

1. Ugotuj bramatę w wodzie bez soli, może nadal gryźć. Aby szybko ostygnąć, rozłóż cienko na blasze do pieczenia, przykryj folią spożywczą. Umieść folię bezpośrednio na bramacie tak, aby nie tworzyła się skórka. Po ostygnięciu Bramaty z twarożku, creme fraiche, gruyere, papryki i ziół przygotuj mieszankę do smarowania. Dopraw solą, pieprzem, sosem sojowym, sosem Worcestershire, octem ryżowym, białym winem, papryką i dużą ilością ziół: tymianek, estragon, majeranek. Pomidory grubo pokroić w kostkę, lekko posiekać kapary

i cebulę srebrną i wymieszać, doprawić do smaku pikantnego do pikantnego (zielone tabasco, pieprz cayenne).
2. Rozłóż czystą ściereczkę, przykryj szerokim paskiem (50-60 cm) folii spożywczej, ułóż surową szynkę z lekkim zakładem, tak szeroka jak 2 plastry, długość jest zmienna. Masę bramaty rozłożyć równomiernie na około 5 mm grubości. Ułóż zerwane liście bazylii w górnej jednej trzeciej powierzchni, około. Szerokość 6-8 cm na całej długości. Rozłóż nadzienie pomidorowe na liściach bazylii, nałóż lub ubierz kiełbasę na grubość kciuka.
3. Całość energicznie, ale ostrożnie zwinąć ściereczką i folią, upewniając się, że folia nie jest z nią zwinięta. Gotową bułkę odstawić w chłodne miejsce na co najmniej 2 godziny i wyjąć z lodówki przed podaniem, aż bułka osiągnie temperaturę pokojową. Absolutnie profesjonalny ostry nóż jest niezbędny do cięcia. Najlepszy jest nóż do łososia lub do filetowania.
4. Moja wersja ma tylko coś wspólnego z sushi, ponieważ oba są zwijane. Podane ilości są

zmienne. Zasadniczo to danie jest bardzo łatwe w przygotowaniu, przyciąga wzrok i można je bardzo łatwo zmieniać i zmieniać. Postrzegam siebie jako wynalazcę stylu Sushi Mountain i cieszę się z każdej nowej odmiany.

91. RYŻ SUSHI, JAPOŃSKI

Czas 30 min. **składniki na 4 porcje**

- 300 g ryżu (ryż krótkoziarnisty)
- 1 Konbu (wodorosty, ok. 6x6 cm)
- 1 łyżka cukru
- $\frac{1}{2}$ łyżki soli

- 4 łyżki octu (octu ryżowego lub białego wina)

przygotowanie

1. Ryż dobrze umyj i pozwól mu odsączyć. Włóż do rondla i zalej około 400 ml wody. Wodorosty przetrzyj wilgotną szmatką, pokrój na bok, a następnie wylej na ryż. Całość zagotować kilkakrotnie mieszając. Następnie zmniejsz ogień i gotuj ryż na małym ogniu przez 10 minut. Usuń kawałek wodorostu i gotuj ryż przez kolejne 8-10 minut, aż ryż wchłonie całą wodę. Zdejmij garnek z kuchenki, przykryj ryż ręcznikiem kuchennym i odstaw na 10 minut.
2. Rozpuść cukier i sól w occie. Włóż ryż do miski. Skrop roztworem octu i dokładnie wymieszaj. Użyj wentylatora, aby dodać chłodne powietrze, aby ryż był puszysty.

92. RYŻ SUSHI

składniki na 1 porcję

- 300 g Ryż (ryż kleisty), japoński
- 360 ml wody
- 4 łyżkiOcet ryżowy
- 1 ½ łyżeczki cukru
- 1 ½ łyżeczki przygotowania soli

1. W zamkniętym rondlu zagotować wodę i ryż. Zmniejsz ogień i kontynuuj gotowanie przez 15 minut. Następnie zdejmij garnek z kuchenki, umieść 2 warstwy papieru kuchennego między garnkiem a pokrywką i odstaw ryż na kolejne 10-15 minut.
2. W międzyczasie wymieszaj ocet, cukier i sól i delikatnie podgrzej, aż cukier się rozpuści.

Ostrożnie dodaj mieszankę octu do ryżu. Przykryj wilgotną szmatką aż do użycia.

93. PERFEKCYJNY RYŻ SUSHI

składniki na 4 porcje

- 2 szklanki / n ryżu (ryż kleisty lub krótkoziarnisty)
- 1 arkusz Nori
- 3 szklanki / n wody
- 4 łyżki wina ryżowego lub wytrawnej sherry
- 6 łyżek octu ryżowego lub octu sherry
- 3 łyżki. cukier

- 1 łyżka Mirin (słodkie wino ryżowe)
- ½ łyżki soli lub 1 - 2 łyżki sosu sojowego

1. Umyj ryż w wodzie, aż woda będzie czysta. Dobrze odcedź. Pozostaw na 10-12 minut, mieszając od czasu do czasu.
2. W międzyczasie włóż arkusz nori do rondla, lekko zalej wodą i pozostaw na około 5 minut. Resztę wody, wino ryżowe i ryż wlać do rondla i zagotować pod przykryciem.
3. Teraz zmniejsz temperaturę i pozwól ryżowi puchnąć, aż woda całkowicie się wchłonie. Teraz pozwól ryżowi wyparować przy otwartej pokrywce i usuń liść.
4. Wymieszaj pozostałe składniki, aż cukier i sól całkowicie się rozpuszczą. Ugotowany ryż włóż jeszcze ciepły do niemetalowej miski i równomiernie rozprowadź mieszankę przypraw na wierzchu.
5. Teraz regularnie mieszaj lub układaj ryż, aby stygł jak najbardziej równomiernie, a mieszanka przypraw mogła się równomiernie rozprowadzić.
6. Przykryj miskę wilgotną szmatką, aby ryż nie wysychał i nie twardniał po ostygnięciu ryżu.

94. SUSHI PAN

składniki na 2 porcje

- 200 g kleistego ryżu
- 100 g łososia
- 1 pęczek dymki)
- sezam
- majonez
- sos sojowy
- Sól
- 1 arkusz Nori

przygotowanie

1. Ryż umyć i ugotować z odrobiną soli zgodnie z instrukcją, po czym trochę ostudzić.
2. W międzyczasie w razie potrzeby upraż na patelni sezam i odłóż na później.
3. Dymkę posiekaj i podsmaż krótko na patelni z odrobiną oleju lub ramą. Odłożyć.
4. W międzyczasie pokrój łososia w paski i odstaw na bok.
5. Pokrój arkusz nori na małe kwadraty (ok. 1 x 1 cm) nożyczkami i odłóż na bok.
6. Jak tylko ryż ostygnie, włóż wszystkie składniki razem na patelnię, dobrze wymieszaj i dopraw majonezem i sosem sojowym według uznania.
7. Możesz również użyć innych składników i zrobić wegańską patelnię sushi, jeśli chcesz. Z wyjątkiem ryżu sushi jest dość zmienne.

95. RYŻ JAPOŃSKI BEZ URZĄDZENIA DO RYŻU

składniki na 2 porcje

- 200 g puddingu ryżowego lub ryżu japońskiego/koreańskiego
- 250 ml wody
- Imbir, opcjonalnie

przygotowanie

1. Włóż ryż do miski i umyj trzy do czterech razy. Następnie dodaj więcej wody do ryżu i odstaw na około 30 minut.
2. Odlej wodę i przenieś ryż do rondla z pokrywką. Dodaj 250 ml wody. Bardzo ważne jest, aby używać pokrywki i nigdy jej nie

zdejmować. Jeśli pokrywka ma otwór, nałóż ściereczkę na otwór. Nastawić piec na najwyższe ustawienie i doprowadzić do wrzenia. Nie podnoś pokrywy, po prostu ustaw piec na najniższe ustawienie. Gotuj przez 10 minut.
3. Po 10 minutach wyjmij ryż z kuchenki i pozwól mu parować przez kolejne 10 minut pod przykryciem.
4. Kompletny.
5. Lubię dodawać do ryżu mały kawałek imbiru.

96. HOSO - MAKI Z WARZYWAMI

składniki na 1 porcję

- 2 marchewki, pokroić wzdłuż na cienkie słupki
- 12. Pieczarki, suszone grzyby shiitake, oczyszczone, obrane i pokrojone w cienkie paski
- 7 łyżek sake, alternatywnie wytrawna sherry lub wermut
- 3 łyżeczki cukru
- 4 łyżki sosu sojowego
- ½ szczypiorku
- Arkusze Nori
- Pasta wasabi

- Ryż (ryż do sushi)

przygotowanie

1. Zagotuj sake z cukrem i sosem sojowym oraz 5 łyżkami wody, włóż plastry shiitake i gotuj na wolnym ogniu przez około 15 minut, następnie dodaj paluszki marchewki i gotuj na wolnym ogniu przez kolejne 5 minut. Ostudzić w bulionie, odsączyć i osuszyć na ręcznikach papierowych.
2. Szczypiorek umyć i osuszyć.
3. Ryż przygotowujemy jak zwykle, rozkładamy ryż na połówki arkuszy nori, następnie zamiast pasków rybnych przykrywamy przygotowanymi paskami marchwi, grzybami i 1-2 szypułkami szczypiorku, odrobiną pasty wasabi (lubię rozcieńczać pastę z trochę wody, wtedy można lepiej dozować) i zwinąć arkusze nori za pomocą maty bambusowej, krótko schłodzić i pokroić na 6 kawałków. Podawać z imbirem, wasabi i sosem sojowym.

97. SOS TERIYAKI

Składniki na 2 Porcje

- 1 łyżeczka oliwy z oliwek
- 1 mała cebula (rzeczownik)
- 3 palec u nogi / n czosnku
- 10 g świeżego imbiru
- 50 ml sosu sojowego
- 80 g cukru

przygotowanie

1. Obierz cebulę i pokrój w drobną kostkę. Obierz czosnek i imbir, a także pokrój w drobną kostkę. Smaż wszystko razem na rozgrzanej oliwie z oliwek, aż wszystko będzie złotożółte. Dodaj sos sojowy i cukier i gotuj przez kolejne

5-7 minut. Na koniec przefiltruj sos i używaj tylko czystego sosu.

98. ONIGIRI KURCZAK TERIYAKI

składniki na 4 porcje Na ryż:

- 250 g ryżu do sushi
- 450 ml wody, lekko osolonej
- 1 łyżeczka cukru
- ½ łyżeczki soli
- 25 ml Ocet ryżowy Do mięsa:

- 250 g piersi z kurczaka
- sól i pieprz
- 5 łyżek sosu sojowego
- Sos Teriyaki
- 3 łyżki majonezu

- 2 dymki)

przygotowanie

1. Piersi z kurczaka umyć i pokroić w bardzo drobną kostkę. Smażyć kostki piersi kurczaka. Dopraw do smaku solą, pieprzem i sosem sojowym oraz sosem teriyaki. Niech ostygnie.
2. Pokroić w kostkę kurczaka i zagęścić majonezem na pastę z małymi kawałkami kurczaka. Dodaj drobno posiekaną dymkę i dopraw sosem teriyaki, aż osiągniesz swój smak.
3. Umyj ryż do sushi, aż woda będzie czysta. Następnie gotuj z wodą zgodnie z instrukcją przez około 10 minut, aż w garnku nie pozostanie już prawie żadna woda.
4. Po ugotowaniu odstaw ryż sushi na około 10 minut, a następnie umieść w drewnianej lub szklanej misce i dopraw octem ryżowym do sushi. Dodaj sól i cukier i pozwól ryżowi ostygnąć do letniej temperatury.
5. Zmocz ręce zimną wodą. Następnie uformuj trochę letniego ryżu sushi w bardziej płaski

trójkąt i wyciśnij małe zagłębienie na środku. Umieść trochę mieszanki kurczaka teriyaki na środku trójkąta ryżowego. "Tinker" kolejny trójkąt ryżowy na wypełnionej stronie i ściśnij wszystko razem, aby

tworzony jest trójkąt z pastą z kurczaka teriyaki pośrodku.

6. Pokrój arkusze nori nożyczkami i zawiń onigiri w arkusz nori.

99. TATAR Z TUŃCZYKA Z PESTO Z KOLENDRY

składniki na 4 porcje

- pęczek kolendry
- 50 g parmezanu
- Oliwa z oliwek

- 2 palec u nogi / n czosnku
- ½ łyżeczki soli
- 1 shot gin, wytrawny lub wermut
- 1 łyżka soku z cytryny lub limonki
- sos sojowy
- 150 g Tuńczyka, świeższe

przygotowanie

1. Zeskrob świeżego tuńczyka z całego kawałka zwykłą łyżką stołową, aby uzyskać gruby tatar. Dobrze wymieszaj z sokiem z cytryny, odrobiną oliwy z oliwek, ginem i 1 - 1,5 łyżki sosu sojowego i najlepiej trzymaj pod przykryciem w chłodnym miejscu.
2. Na pesto z grubsza posiekaj kolendrę i czosnek. Zetrzyj parmezan, jeśli nie został jeszcze starty. Wlej orzeszki pinii i sól do wysokiego naczynia i zmiel ręcznym blenderem. Napełnij oliwą z oliwek, aż uzyska konsystencję pasty do zębów. Wymieszać je w proporcji około 1:3 pesto do tatara z tatarem z tuńczyka i doprawić sosem sojowym.

3. Jako odmianę, możesz również zastąpić około jednej czwartej kolendry tajską bazylią lub uszlachetnić tatar z odrobiną drobno posiekanego imbiru.
4. Resztę pesto można przechowywać w zamkniętym pojemniku w lodówce przez co najmniej tydzień i doskonale komponuje się z makaronem lub przystawkami.

100. JAJKA SADZONE W STYLU JAPOŃSKIM

składniki na 4 porcje

- 8 m.-duże jajko (i)
- 2 łyżki proszku Wasabi
- 1 łyżeczka imbiru w proszku
- ½ łyżeczki soli
- 1 jajko (jajka) do panierowania

- 8 łyżek bułki tartej (panko-), japońskiej

Do kompletu:

- n. B. Pasta Wasabi
- n. B. Korzeń imbiru (gari), marynowany japoński
- n. B. sos sojowy
- Tłuszcz roślinny do smażenia

przygotowanie

1. W garnku doprowadza się wodę do wrzenia. Teraz dodaj jajka i gotuj dokładnie przez 5 1/2 minuty na najwyższym ustawieniu. Zgaś dokładnie i pozostaw do ostygnięcia do temperatury pokojowej.
2. W międzyczasie załóż „linię do panierowania" na trzech talerzach do zup. Stacja 1: Dokładnie wymieszaj proszek wasabi z imbirem i solą. Ta mieszanka zastępuje mąkę w „normalnej" panierce. Stacja 2: Dokładnie przebij jajko. Stacja 3: Połóż bułkę tartą panko na talerzu. Ta japońska bułka tarta jest

szczególnie chrupiąca. Ale działa również ze standardowymi bułką tartą.
3. Ostrożnie obierz schłodzone jajka i odstaw na bok.
4. Rozgrzej frytkownicę z neutralnym tłuszczem roślinnym do 160 stopni. Jajka są najlepsze, jeśli smażysz je w dużej ilości tłuszczu.
5. Obróć jajka na stanowisku 1. W razie potrzeby zetrzyj nadmiar proszku. Dokładnie przeciągnij przez stację 2 i przykryj całkowicie ubitym jajkiem. Na koniec wrzuć bułkę tartą na stanowisku 3.
6. Piecz w rozgrzanej frytkownicy przez 2 minuty, aż się zarumienią.
7. Aby wzmocnić japoński akcent, jajka można udekorować pastą wasabi, marynowanym imbirem i sosem sojowym.
8. Jeśli wszystko zadziałało, jajka będą chrupiące na zewnątrz, a żółtka ciepłe i woskowe.

WNIOSEK

Dzisiaj sushi jest jednym z najpopularniejszych, przetworzonych i łączonych produktów spożywczych na świecie. Ma wiele możliwości, dlatego stale się rozwija.

Sushi robi się z ryb, ale można je przyrządzać z mięsa, warzyw lub jajek. A produkty, którym towarzyszy, nie muszą być surowe. Dzięki temu jest obecnie włączany do gastronomii wielu krajów.

www.ingramcontent.com/pod-product-compliance
Lightning Source LLC
Chambersburg PA
CBHW050020130526
44590CB00042B/1122